醜小鴨也會變天鵝

譜寫瑰麗幻想的安徒生

潘于真　才永發　著

安徒生，就如同他筆下的「醜小鴨」一樣
曾經窮困潦倒、曾經鬱鬱不得志
但最終，灰暗的羽毛會被抖落
讓世界看見他光鮮亮麗的天鵝羽毛

醜小鴨也會變天鵝
譜寫瑰麗幻想的安徒生

目 錄

醜小鴨也會變天鵝
譜寫瑰麗幻想的安徒生

前　言

　　歷史發展的每一個時代，都有值得我們追隨的人，都有激勵我們奮進的力量。這些曾經創造歷史、影響時代的人物，或以其深邃的思想推動了世界文明的進步，或以其叱吒風雲的。政治生涯影響了歷史的進程，或以其在自然科學領域中的巨大成就造福於全人類……

　　因為有了他們，歷史的車輪才會不斷前行；因為有了他們，歷史的內容才會愈加精彩。他們已經成為歷史長河的風向標，引領著我們人類走向更加深邃的精神世界和更加精彩的物質世界。今天，當我們站在一個新的紀元回眸過去的時候，我們不能不提起他們的名字，因為是他們改變了世界，改變了人類社會的發展格局。了解他們的生平、經歷、思想、智慧，以及他們的人格魅力，也必然會對我們的人生產生重大的影響。

　　為了能夠了解並記住這些為人類歷史發展做出過巨大貢獻的人物，經過長時間的遴選，我們精選出了六十位最具時代性、最具影響力、最具代表性的人物，編寫成為這套系列叢書，其宗旨是：期望透過這套讓讀者易於接受的傳記形式的叢書，對讀者產生潛移默化的影響，使讀者能夠從中吸取到有益的精神元素，立志成才，為人類作出

醜小鴨也會變天鵝
譜寫瑰麗幻想的安徒生

貢獻。

　　本套叢書寫作角度新穎，它不是簡單堆砌有關名人的材料，而是精選了他們一生當中一些富有代表性的事件和故事，以點帶面，從而折射出他們充滿傳奇的人生經歷和各具特點的鮮明個性。透過閱讀這套叢書，我們不僅要了解他們的生活經歷，更重要的是了解他們的奮鬥歷程，以及學習他們在面對困難、失敗和挫折中所表現出來的傑出品質。

　　此外，書中還穿插了許多與這些著名人物相關的小知識、小故事等。這些內容語言簡潔，可讀性強，既能令版面豐富靈活，又能開闊閱讀視野，同時還可作為讀者學習中的積累和寫作素材。

　　我們相信，這一定是一套能令青少年喜愛的傳記叢書。透過閱讀本套叢書，我們也能夠真切了解到這些偉大的人物對一個、乃至幾個時代所產生的重大影響。

　　現在，就讓我們一起翻開這些傑出人士的人生故事，走進他們生活的時代，洞悉他們的內心世界，就好像在與這些先賢們促膝談心一般，讓他們激勵我們永遠奮進，促使我們洞察人生，鼓舞我們磨練心志，走向成功！

故事導讀

　　漢斯・克利斯蒂安・安徒生，十九世紀丹麥著名童話作家，世界文學童話創始人。他一生堅持不懈從事創作。在將近四十年間，安徒生共創作了一百六十八篇童話故事。他的作品以一種詩意而又幽默的筆調，改變了民間故事的面貌，開啟了世界原創童話的先河。

　　安徒生是一個窮苦鞋匠的兒子，早年曾在慈善學校讀書，還當過學徒工。受父親和民間口頭文學的影響，他自幼熱愛藝術和文學，並有著在當時被認為與他的出身不相稱的、「異想天開」的「志願」——當一個詩人，一個芭蕾舞演員，一個歌唱家，一個在舞台上表演人生、創造「美」的藝術家……

　　十一歲時，父親病逝，母親改嫁。為了追求藝術，安徒生隻身前往哥本哈根，結果卻弄得窮困潦倒，受盡了生活的煎熬。但是，堅強執著的安徒生沒有被打倒，心裡一直燃燒著希望的火焰。經過艱難的奮鬥，最終成長為一個詩人、一個童話作家、一個了不起的人物。

　　如今，安徒生的名字已經傳遍了整個世界。更為可貴的是，安徒生的作品無不閃耀著人性的光輝，超越了國家、種族與文化，因而歷久彌新，被全世界各國的讀者們反覆傳誦。安徒生所留下的，不僅僅

醜小鴨也會變天鵝
譜寫瑰麗幻想的安徒生

是一部部生動有趣的童話，更是他的理想，以及他對理想的執著追求。

本書從安徒生的兒時生活開始寫起，一直追溯到他所創造出的偉大作品及所取得的輝煌成就，再現了安徒生具有傳奇色彩的一生。

第一章 窮鞋匠的兒子

有了一些小成績就不求上進，這完全不符合我的性格。攀登上一個階梯，這固然很好，只要還有力氣，那就意味著必須再繼續前進一步。

——安徒生

醜小鴨也會變天鵝
譜寫瑰麗幻想的安徒生

（一）

　　在人們的印象中，丹麥是一個令人嚮往的地方，因為這是世界著名童話大師安徒生的出生地。今天的人們，在去丹麥時總要到奧登塞市去看看，因為奧登塞正是安徒生的故鄉。走近奧登塞，就等於走近童話，走近安徒生，走近那已經變得有些遙遠的時光。

　　奧登塞城市不大，座落在一個小島上，是丹麥東西交通的中心點。據說，奧登塞的名字是從一個北歐神話中奧丁的名字演化來的。安徒生就是在這個文化傳統深遠、充滿藝術氣息的奧登塞小鎮長大的。如今，安徒生故居博物館就座落在小街的拐角處，兩邊低矮的小房子都被漆成了明亮的顏色，牆壁呈黃色，屋頂紅色，置身其中，便會產生一種置身於童話世界的奇妙感受。

　　十九世紀的奧登塞小鎮，景色秀麗迷人，一條清涼的小河從城中穿過，然後又從左右兩翼繞回來，將這個小城環抱其中。不過，這裡的房子大多又矮又尖，髒亂的後街和陰暗的小巷裡住滿了鞋匠、裁縫、泥瓦匠、洗衣婦及流浪漢。當然，偶爾也有幾個精雕細刻、花樣繁複的貴族府邸，高聳的台階托舉著這些富麗典雅的建築，仿佛鶴立雞群一般。

　　在市郊的小河上，有一座水磨坊，人們都沿河居住，因而這個地方也被稱為磨坊街。在街道上的一棟房子中，同時住了六戶人家，其中有一間十分簡陋的小屋，住著一對年輕的夫婦。丈夫名叫漢斯 · 安徒生，是個鞋匠；妻子名叫安娜 · 瑪麗亞，年齡比丈夫大十一歲，是個離過婚的洗衣婦。

　　漢斯和妻子的日子雖然過得清苦，但夫婦二人卻相親相愛。尤其

是他們的兒子小安徒生的出生，更是給他們平淡的生活帶來了希望與歡樂。

　　一八〇五年四月二日這一天，天氣明媚，陽光和煦。一聲嘹亮的啼哭從鞋匠漢斯低矮的房子中傳來。這一年，漢斯・安徒生才二十二歲，他給兒子取名為漢斯・克利斯蒂安・安徒生。

　　像許多奧登塞貧困家庭出生的孩子一樣，安徒生的出生也沒有引起人們的關注。而且，這一天恰好又是丹麥的一次著名海戰的紀念日，人們都身著盛裝，在街頭載歌載舞，慶祝勝利。因此，小安徒生的哭聲雖然十分洪亮，但很快就淹沒在湧動的人潮之中了。

　　小安徒生出生時很特別，哭聲特別嘹亮，而且不停的哭。父親很著急，卻又無可奈何，忽然急中生智，將丹麥大文學家霍爾伯格的詩集拿來，對小安徒生說：「你為什麼要哭個不停呢？不想睡覺嗎？那麼好吧，我讀詩給你聽，你可要安靜聽哦！」

　　說完，漢斯就對著不斷啼哭的小安徒生大聲朗誦起來。結果自然可想而知，剛剛出生的小嬰兒怎麼能聽得懂詩呢？因此，小安徒生繼續咧著大嘴嚎哭著，好像要與父親比賽一樣。

　　漢斯無可奈何搖搖頭，充滿憐愛的說：「哭吧哭吧，小傢伙，我就叫你『好哭的漢斯』吧。」

　　從此，小安徒生就因為好哭而出名了，以致漢斯夫婦十分擔心小傢伙在教堂接受洗禮時也會哭個不停。

　　幾天之後，就是小安徒生到教堂接受洗禮的日子了。開始時，「好哭的漢斯」對周圍的一切都很好奇，東看看，西望望，一點也沒有哭的意思。媽媽暗自慶幸。

醜小鴨也會變天鵝
譜寫瑰麗幻想的安徒生

　　然而，等到牧師拿著《聖經》走過來時，「好哭的漢斯」突然「哇」的一聲大哭起來，而且一聲比一聲大。牧師幾乎沒辦法工作了，就沒好氣的說：

　　「這個小傢伙怎麼像隻貓一樣尖叫！」

　　媽媽聽了牧師的話，很不高興。牧師見狀，忙安慰說：

　　「沒有關係，你不要擔心。我聽說小時候哭聲越大，長大後歌聲就越嘹亮。」

　　為了讓小安徒生的媽媽相信，牧師忙又補充一句說：

　　「我小的時候也是這樣。」

　　或許天才天生就喜歡訴說的，小小的安徒生儘管還不會說話，但卻迫不及待想用自己特有的語言對世界訴說些什麼吧？誰知道呢。

（二）

　　在小安徒生出生的這一年，奧登塞城中共住了五千多人，其中包括各個階層的人，如貴族、公務員、軍官、商人、手藝人、洗衣婦等等。不過，大多數居民都是下層的貧民。

　　安徒生的父母住在一幢遠離街道的骯髒的二層樓房裡，一家人也只占有一間房間，在這裡吃飯、睡覺、休息，也在這裡接待附近僅有的幾個熟人。

　　小安徒生的父親漢斯・安徒生雖然是個手藝不錯的鞋匠，但他卻不是一個安於現狀的人。在童年時代，他就喜歡讀書，而且特別想上城裡的一所拉丁文學校。但因為貧窮，他根本上不起。他的父親也是一個鞋匠，一貧如洗。更加不幸的是，在他九歲那年，父親病了，從此再也無法再承擔家庭的重任了。媽媽無奈之下，只好將漢斯送到另外一個鞋匠那裡學習手藝，同時也是希望他能用父親已有的工具，謀求一份職業，養家糊口。

　　所以，雖然漢斯十分希望能進入拉丁文學校讀書，但他顯然不能求父母送他去，因為那個學校是中等以上家庭的子弟才能進去的。

　　但是，在漢斯・安徒生的心裡，他一直都很渴望讀書，對未來也充滿了美好的幻想。在不得不從事鞋匠工作時，他的內心充滿了沮喪。不過，漢斯也只能將命運交給父親留給他的那張做鞋的檯子上，從此懷揣夢想日復一日縫補那些破爛不堪的鞋子。

　　小安徒生出生以後，漢斯就在狹窄的房間中又加上看一張嬰兒床，這也讓小屋子更加擁擠了。不過，即使是破舊的陋室和蝸居，也同樣能擁有一抹亮麗的風景。漢斯夫婦盡量將房子收拾得乾淨整齊，還在

醜小鴨也會變天鵝
譜寫瑰麗幻想的安徒生

牆壁上貼上一些鮮豔而有趣的圖畫。

不僅如此，在擁擠的空間裡，漢斯夫婦居然還設立了一個簡陋的書櫃，其實也就是在漢斯的工作台上方靠近窗子的地方，這個櫃子中卻裝滿了各種書籍。在櫃子頂上，還放著一些可能是來自於田野或舊貨市場甚至是垃圾箱中的工藝品作為點綴。

在房間內所有的用具當中，最引人注目的是一扇屏風。因為這扇屏風上畫著各種美麗而繁雜的花紋和圖案。仔細看來，好像是從許多畫報上剪下來黏貼在一起的。人物、花鳥、青山、綠水，都被巧妙拼湊起來，為小安徒生營造了一個溫暖而特別的成長環境。

可以說，小安徒生的父母雖然沒什麼文化，但卻很懂得從小對孩子進行啟蒙美育的教育。在以後稍大一點的安徒生看來，這間屋子簡直就是一個相當有趣的畫廊和書屋。安徒生酷愛文藝的幼小心靈，第一次在這裡得到了滋養。這個狹窄而並不貧瘠的空間，也孕育了安徒生日後天馬行空的藝術想像力。

在這個擁擠而不乏溫馨的小蝸居裡，安徒生度過了他的童年。每當有空時，漢斯都會為兒子製作望遠鏡、玩具、木偶和可以交換的圖畫等。也只有與兒子在一起時，漢斯才能暫且忘記生活的煩惱，釋放出發自內心的快樂。他盡可能滿足兒子的願望，為兒子講各種各樣的故事，尤其喜歡講他收藏的霍爾伯格的劇本和《阿拉伯故事集》等書。

每逢星期天，只要天氣允許，漢斯就會帶著兒子到奧登塞郊外風景秀麗的田野和樹林中去玩耍。在那裡，他會把各種樹木花草的名稱告訴給小安徒生。而更多的時間，他都是坐在一旁沉默不語，冥思苦想，讓兒子自由自在四處玩耍。小安徒生一會兒將楊梅串在一根根葦

草上，一會兒又用採集的野花編織成一個個花環。這時，兒子的興高采烈也會感染到漢斯，他也會站起來和兒子一起奔跑玩耍。

　　從安徒生家的小房間可以走到屋頂上去。在屋頂與鄰居房子之間的簷槽上，放上一個盛滿泥土的大匣子，這裡種滿了香蔥、西芹和豌豆等植物，安徒生的母親將這裡親切稱為「我的小菜園子」。

　　長大後的安徒生，對這個生機勃勃、充滿希望的「小花園」始終都念念不忘。童年的一切也伴隨著他一生，給了他取之不竭的藝術想像。在安徒生筆下，這個「比花盆略大一點的花園」簡直充滿了無限的詩情畫意。後來他在《冰雪女王》這篇童話中，就曾滿懷深情寫道：

　　「在一個大城市裡，房子和居民是那麼多，空間是那麼少，人們連一個小花園都沒有。結果大多數的人只好滿足於花盆裡種的幾朵花了，於是他們有一個比花盆略為大一點的花園。」

　　「匣子的兩端幾乎抵著兩邊的窗子，好像兩道開滿了花的堤岸。豌豆藤懸在匣子上，玫瑰伸出長長的枝子。」

醜小鴨也會變天鵝
譜寫瑰麗幻想的安徒生

（三）

　　瑪麗亞對小安徒生也十分疼愛，她總是省吃儉用，為安徒生做新衣服穿，買他喜歡的食物吃，讓安徒生幾乎過著少爺一般的生活。

　　有一天，瑪麗亞將小安徒生放在膝蓋上，深有感觸：「孩子，你現在可真幸福呀，過著與有錢人家少爺一樣的生活，媽媽小時候的生活才叫苦呢！因為我的爸爸媽媽把我趕到大街上去討飯要錢，要不到飯和錢，我就要挨罵挨打。有很多次，我都一個人蹲在橋底下哭泣，兩手空空不敢回家。可是伸手向人乞討多丟人呀！何況，也沒有人願意施捨呀……」

　　媽媽流著眼淚訴說自己的遭遇，小安徒生聽了，也難過的哭起來。

　　這件慘痛的往事，安徒生一直都沒有忘記過。當他成為童話作家以後，就將母親的這段往事寫在《即興詩人》中一個名叫塗莫尼格的老太太身上。另外，在《一個彈奏小提親的人》一書中，也隱約映射出自己母親的身世。

　　安徒生的母親是個很迷信的人，喜歡占卜，因此安徒生也受到了一定的影響。母親每次在占卜時那種虔誠的態度，也讓安徒生成為一個非常相信占卜的人。

　　有一年的秋天，安徒生與母親和鄰居們一起到麥田中去撿拾麥穗，沒想到被一個兇狠的管理員給逮住了。

　　那個管理員狠狠揮舞中手中的皮鞭，拚命追了過來。大家一看到管理員，都嚇得拚命逃跑。可是，小安徒生卻被麥稈絆倒了，就連腳上的鞋子都跑丟了。

　　安徒生急得都要哭了，他來不及去撿丟落的鞋子，光著腳拚命逃

跑，腳也被麥稈扎得痛極了！

正當安徒生搖搖晃晃要倒下去的時候，那個管理員追了上來，一把就抓住了他，然後舉起皮鞭就要抽他──

安徒生嚇得臉色都青了。

但是，他馬上就鎮定下來，抬起頭望著這個管理員的凶臉，從容說道：

「老爹，你要打就打吧。你的兇暴，上帝會看得到！」

這是一個虔誠信仰上帝的孩子純潔而坦白的表現，兇狠的管理員一聽，態度立刻就軟了下來：

「你真是個聰明的小傢伙！我不打你了！不僅如此，我還要把這幾個錢給你，田裡那些掉落的麥穗你也儘管撿回去好了。」

安徒生高興的把管理員給他的錢裝進口袋，然後又跑去繼續撿了好多麥穗回去。

母親也為安徒生的機智和聰明而感到高興，經常對鄰居們說：

「漢斯真是太聰明了。不管是誰，只要見到他，都會喜歡他的。就連那個兇狠的壞蛋，都拿錢給他哩！」

不過，母親也有發脾氣的時候。那是在安徒生四歲的時候。

一八〇八年，丹麥盟國西班牙在軍隊正駐紮在菲因島上，因此奧登塞街道上就成了他們玩樂的地方。

這些士兵也是安徒生第一次見到的外國人。有一次，安徒生正在街邊玩耍，忽然一個西班牙兵走過來，伸手就把他抱了起來：「小傢伙，你真可愛！」

說著，他便在安徒生的額頭上親了一下，還把安徒生放在胸前，

醜小鴨也會變天鵝
譜寫瑰麗幻想的安徒生

按著他的頭，讓他的小嘴唇去親吻他胸前的銀像。

安徒生十分害怕，嚇得一動都不敢動，想從那個士兵的懷中掙脫出來。

這一幕恰好被安徒生的母親瑪麗亞看到了。安徒生跑回來後，她大發雷霆：「那是天主教徒才做的事呀！」

原來，丹麥自從進行宗教改革後，就開始信奉新教。而新教與天主教的信仰是有衝突的，所以母親對此很不高興。

不過安徒生卻不覺得這算是一件大事，甚至後來一直都很懷念這個讓他親吻銀像，而且還流下眼淚的外國兵：

「這個士兵，說不定也有一個與我一般大的孩子，留在他的故鄉吧？」

後來有一天，安徒生又看到了那個士兵，而這次他居然被夥伴押送著上了刑場，原因是他殺死了一個法國人。

看著被押走的士兵背影，安徒生覺得簡直像自己被押到刑場上一樣難過。

這件事後來也給安徒生帶來了靈感，後來他就寫出了一篇以《兵士》為題的詩來。這首詩還被譯成德文，並刊載在軍歌集當中。在安徒生的詩中，這是很有名的一篇。

第二章 富於幻想的少年

　　一個人在年輕的時候，可以而且應該投到生活中去，與生活融成一片。

——安徒生

醜小鴨也會變天鵝
譜寫瑰麗幻想的安徒生

（一）

安徒生長大後，逐漸明白了父母少年時代的生活，尤其更清楚父親為什麼會收藏那麼多的故事和詩集，以及為什麼會在讀到這些書時那麼高興。

有一天，一個拉丁文學校的學生到漢斯的鞋店裡，要求為他訂製一雙皮鞋：

「老闆，我要訂製一雙皮鞋，你要為我做一雙最好的，因為我是要在舉行升級典禮那一天穿的。」

漢斯聽了，非常高興，回答說：

「沒有問題。現在請你坐下來，我來量量你的腳。」

等他量好尺寸後，這個學生又開口了：

「老闆，這個德意志詩人歌德的作品，真是了不起呀！」

說著，他翻閱著手中的教科書。接著，他們又談論起了英國大文豪莎士比亞。這時，漢斯的眼睛充滿了光彩，他已經深深被那本教科書所吸引住了。

安徒生在一旁看得很清楚，他很為父親難過。

不過，父親還是會經常帶著安徒生到森林中散步。每當山毛櫸樹長出碧綠的樹葉時，家中就像過節一樣，母親也顯得比平時快樂。她會穿上那件總是放在箱子中捨不得穿的咖啡色花布衣服，和漢斯一起帶著安徒生出去玩。

當鸛鳥飛回來的時候，庭院裡的醋栗樹叢上已經長滿了細小的葉子。這個時候，樹林裡也早已長滿了黃色的九輪草，還有雪白的「白頭翁」。

第二章 富於幻想的少年

在鳥類當中，安徒生最喜歡鸛鳥。他甚至後來發現，自己身子瘦削，背微彎曲，兩腿細長，不喜歡長久待在一個地方，很像鸛鳥的行為。

小時候的安徒生常常想，鸛鳥每天都說些什麼呢？他問父親。父親想了想說：

「可能會說埃及話吧，因為牠們生活在炎熱的國度，而且還要在金字塔的附近度過冬天，不會說埃及話哪能行呢？」

父親又聳聳肩，補充說：「當然，牠們也應該會說丹麥話。你看，每當天氣暖和時，牠們就要飛回來，和我們在一起。」

鸛鳥每年都要來來回回飛過大海，在海上還不能停下來休息，真有本事啊！安徒生覺得，鸛鳥每年都要到那麼遠的地方去旅遊，一定很長見識。

最近這個週末，安徒生跟隨父親一起到樹林裡玩耍。小傢伙快樂的跑在前面，即使是迎面飛來的一隻蝴蝶或一隻小蟲子，都會令他欣喜若狂。父親跟在後面，慈祥的注視著兒子鮮活的身影。他忽然想起，不久前，也就是四月二日那天，兒子已經滿六歲了。這個年齡，已經是該上學的年齡了。

這時，小安徒生也很懂事的走到父親面前，然後向父親提出了一連串的問題。

父親根據自己的理解，然後盡量用孩子能理解的語言，盡可能詳細、全面的回答兒子提出的各種問題。

「鸛鳥說的是埃及話，牠是怎樣學會的？」

「牠們在沒有冬天的國家裡過冬時，離金字塔很近，在那裡鸛鳥

醜小鴨也會變天鵝
譜寫瑰麗幻想的安徒生

就學會了埃及話。」

「飛到埃及一定要很遠的路程吧？」

「非常遠！鸛鳥需要不停飛呀飛呀，整整飛過一個大海才能到達。」

……

安徒生想了想，說：「牠們多辛苦呀，就讓那些可憐的鸛鳥來我們這裡生活吧，在我們家的頂樓上過冬，我一定會把自己吃的東西分給牠們一點。」

父親微笑著，故事喚起了孩子心底最美好的感情——善良和同情。父親望著兒子並不漂亮的臉蛋和一頭淡黃色的亂髮——那是被風吹亂的——然後說：「等你長大後，學會說埃及話了，你就邀請那些鸛鳥來我們家住吧。」

小安徒生聽了父親的話，鄭重點了點頭。

第二章 富於幻想的少年

（二）

　　在菲因島邊，每天大海的濤聲和海鷗的歡叫聲都會譜成一曲天然的音樂。不知為何，小安徒生總會在這樂聲當中捕捉到若隱若現的父親的釘鞋聲、母親的浣衣聲和祖母的餵雞聲。這些聲音讓人心醉、叫人心碎，在安徒生幼小的心靈上刻下了千絲萬縷的痕跡。

　　奶奶非常疼愛安徒生，每次來看安徒生時，都會帶一些小禮物：糖豬、錫兵和陀螺等小玩意兒，有時也有舊布頭或是五顏六色的紙，上面印著漂亮的圖案。

　　小安徒生有個奇怪的行為，就是喜歡閉著眼睛走路，每次祖母看到他這樣，都會大聲喊著：「喂，喂！好危險哪！走路的時候一定要睜著眼睛才行！」

　　儘管奧登塞是個連驛馬車都很少的市鎮，但閉著眼睛走路總還是很危險的。也不知從什麼時候開始，安徒生有了閉著眼走路的習慣。當他閉著眼睛的時候，腦海中就會出現一個奇妙無比的世界。

　　不過，安徒生將這個情形說給祖母聽時，祖母是不會懂的。

　　「你這個孩子，總是迷迷糊糊的！難道你也像祖父那樣，發瘋了嗎？要不就是眼睛出了毛病。」

　　祖母隨後就把安徒生帶到了她受雇的精神病院，請醫生幫安徒生檢查一下眼睛，看看是不是有毛病。醫生檢查後，發現安徒生的眼睛不但沒有毛病，反而比別人的都要好。

　　「你真是個奇怪的孩子。」老祖母無可奈何對安徒生說。

　　祖母還經常帶安徒生到她工作的精神病院去玩，在那裡，安徒生看到許多奇特的事物，而且還可以自由自在玩耍。他可以躺在大堆大

醜小鴨也會變天鵝
譜寫瑰麗幻想的安徒生

堆的綠葉和豌豆稈上晒太陽，可以把鮮花做成花環戴在頭上，還可以在那裡吃飯。要知道，那裡的飯菜比家裡的好多了。

醫院裡有一個紡紗室，一些老太太在那裡紡紗，她們都特別喜歡安徒生。只要安徒生一來，她們就問這問那。在這些老太太面前，安徒生發現自己很有口才，而且很有表演天賦，這也給了他很大的自信，對他後來的人生道路也產生了巨大的影響。

有一天，老太太又想逗安徒生玩，就問他：

「漢斯，你知道你的身體裡都有些什麼嗎？能說給我們聽聽嗎？」

安徒生想起平時聽說來的人體構造，再聯繫自己的感受，就大膽拿起粉筆，在門上畫了許多像漩渦一樣的圖案，然後指著說：

「這是腸子。」

隨後，他又畫了兩個圓圈，說：

「這是肺，是人用來呼吸的器官。」

老太太十分驚訝，覺得安徒生簡直真是聰明過人，因此也更加喜歡他。

作為回報，老太太還給安徒生唱丹麥民間的古老歌曲，給他講祖輩流傳下來的丹麥民間傳說，還有各種豐富多彩的故事等。安徒生經常靜靜坐在一旁，認真傾聽著老太太們一個接一個唱歌、講故事。

這些民間歌曲和故事對安徒生也產生了很大的影響，讓他原本就愛幻想的大腦更加豐富了。多年後，這些都成為他那些幻想豐富而又反映現實生活的童話創作的源泉。

在精神病院這個特別的地方，安徒生還經常懷著好奇和恐懼，悄悄跟在精神病人的後面，看著他們奇異的表現，聽著他們各種各樣的

瘋話。

有一次，小安徒生聽見有人唱歌，而且歌聲美妙動聽，他就循著歌聲找到了一間小屋。從門縫中，安徒生向裡面偷看，看到一個女人幾乎光著身子，躺在草席上唱歌。

這個女人披頭散髮的，樣子特別可怕。她唱著唱著，忽然一下子就跳了起來，然後重重摔倒在安徒生偷看的門口。

還沒等安徒生緩過神來，那扇用來送飯的小窗戶突然打開了，那個女人一下子從裡面伸出了一隻瘦骨嶙峋的手，一把就抓住了安徒生的衣服。

「哎呀！」

安徒生嚇得大叫一聲昏死過去，把聽到喊聲急忙跑來的祖母也嚇壞了。

當醫院的監護人員跑來後，安徒生已經嚇得半死了。

「當時的那一幕情景和我所受到的驚嚇，儘管到了現在這個年紀，還是沒有從我的心頭抹掉！」

安徒生後來常常這樣說。

醜小鴨也會變天鵝
譜寫瑰麗幻想的安徒生

（三）

一八一一年，安徒生六歲了，到了該上學的年紀。母親瑪麗亞覺得，安徒生的脾氣太好，最好跟女孩子們一起上學，免得調皮的男孩子欺負他。於是，安徒生就被送到了一所非正規的私人學校去上學，學習字母和拼音。

這所學校是個嚴厲出名的寡婦開辦的，她還負責教課。她的壞脾氣也使她經常打學生，她的教鞭就是一根隨身攜帶的大棒子。

女老師在上課時，習慣坐在一張靠近掛鐘的高椅子上，然後拿著教鞭，讓全班同學用最大的聲音，跟她大聲的拼讀。好奇的安徒生發現，那個大鐘擺每往返擺動一次，就會出現一些做機械動作的小動物，非常有趣。

有一次，安徒生在跟隨老師念字母時走了神，突然想起了瘋人院裡那個把他嚇得半死的瘋女人，又想到眼前這個女教師像什麼呢？對，像一條戴上睡帽的大鱈魚。

想著想著，安徒生對自己的比喻十分滿意。恍恍惚惚間，安徒生看到有個老巫婆拿著大棒子向他打來。忽然間，他猛然疼得跳了起來。他的樣子一定很可笑，因為旁邊的女孩子都偷笑起來。安徒生這才明白，自己走神挨打了。這可是有生以來第一次挨打！

安徒生十分難過，他緊閉著嘴唇，不讓自己哭出來，然後衝出了教室。

回到家後，安徒生大哭了一頓，說什麼都不肯再去學校了。母親沒辦法，只好將安徒生又送到一所專門為男孩開辦的學校去上學。在這所學校中，安徒生是年齡最小的一名學生。

第二章 富於幻想的少年

這所學校的老師名叫卡爾斯登,是個有著一雙充滿快樂的棕色眼睛的年輕人。他很喜歡安徒生,經常拉著安徒生在校園中散步,然後津津有味聽著安徒生天真爛漫的談話。

不久,班裡就來了一個女孩子,也是學校唯一的女生,名叫薩拉·哈曼。她很勤奮,數學學得很不錯,老師經常讓她做示範,同學們也很喜歡她。

不過,安徒生覺得她更像是童話中的公主。所以在薩拉面前,安徒生總是竭力表現,而且他也的確做得不錯,他朗誦的詩歌簡直可以與劇院裡的詩朗誦相媲美。可薩拉卻對這一切反應很冷淡。

有一天,安徒生與薩拉一路回家,薩拉告訴安徒生,她認為詩歌是毫無用處的東西。

「詩歌很美呀,它可以陶冶人的情操。」安徒生為自己辯解。

「你真傻!像我們這樣的窮孩子,難道還有時間去思考詩歌是不是美嗎?我認為,讀書就是為了有用。」薩拉又舉例說,「比如我數學學得好,將來有一天我就或許會成為一個富裕的農場女管事,然後過上有錢人的生活。」

「你怎麼會這樣想呢?」安徒生很驚訝。在他心中,即便薩拉不是公主,至少也應該是一位公爵小姐。

「像我這樣的窮孩子,能有什麼別的期望呢?」薩拉黯然說。

這時的安徒生,忽然用一種大丈夫般的豪情,堅定對著薩拉許諾:「你可以期望,等我長大了,我就駕著金光閃閃的馬車,把你接到我的城堡中來!」

「漢斯,你瘋了吧?你這樣一個窮鞋匠的兒子,怎麼會有城堡

醜小鴨也會變天鵝
譜寫瑰麗幻想的安徒生

呢?」薩拉挖苦道。

　　安徒生本以為自己這段真情的表白可以給漂亮的薩拉留下好印象,結果反而換來了薩拉一番輕蔑的嘲諷,這讓安徒生很難過。

　　第二天,安徒生剛剛來到學校,就被很多同學圍住。一個名叫奧利的男同學,突然揪住安徒生的頭髮,大聲地叫起來:

　　「大家快來看呀,他說他有漂亮的城堡,請問你的城堡在哪裡?趕快帶我們去看看呀!」

　　同學們都哈哈大笑起來。又氣又怒的安徒生一面掙扎著,一面用眼睛怒視著薩拉,她正與同學們一起大笑呢。見安徒生瞪著她,她更加瘋狂了:「你們看呀,他是不是一個瘋子?」

　　同學們一下子都活躍起來,大聲喊著:「瘋子安徒生來啦!」還有的同學拿土塊往安徒生的身上扔。

　　安徒生憤怒坐到座位上,離薩拉遠遠的。可一看到薩拉,安徒生馬上又感到痛苦起來。

　　不久,薩拉就離開了這所學校,但安徒生卻經常想起她。他甚至幻想自己在一次大火中救了薩拉,薩拉對他感激不盡,對自己以前嘲笑安徒生的行為真誠道歉。兩個人和好了,然後一起在一個美麗的花園中玩耍。安徒生也履行了自己的諾言,將薩拉接到自己的城堡中,兩個人一起走到很遙遠的地方……

　　沉浸在幻想中的安徒生很快就忘掉了以前的不快,並感到從未有過的快樂,這種感受也讓安徒生更加樂於幻想。

　　正當安徒生忘掉煩惱,準備安下心學習時,他們可愛的卡爾斯登老師卻因為經濟困難,不得不停辦學校,到一所郵電局去上班了。

第二章 富於幻想的少年

　　安徒生又一次失去學校了，不得不回到家中。

　　安徒生很想到外面走走，可是大街上冰雪彌漫，沒有暖和的衣服和鞋子，出去只能被凍死。在這樣的生活中裡，安徒生就把一枚銅錢放在爐子裡燒紅，然後再把它貼在結冰的窗戶上。冰融化後，窗戶上就會出現一個透明的小孔。透過這個小圓孔，他看到晴朗的蔚藍色的天空，看到白楊樹那光禿禿的枝條上，一群群的麻雀正在上面，難道，牠們也在期待著春天的到來嗎？

醜小鴨也會變天鵝
譜寫瑰麗幻想的安徒生

第三章 父親病逝

我把家建在海上，那冰藍色的液體，註定了我一生的漂泊。

——安徒生

醜小鴨也會變天鵝
譜寫瑰麗幻想的安徒生

(一)

幼年時期的安徒生，算得上是一個幸福的孩子。他們家的生活雖然艱苦，但父母對安徒生卻照顧得無微不至，從不讓他覺得缺少什麼。比如身上穿的衣服，都相當講究。如果不是因為腳上穿著一雙木鞋，人們一定會認為這個金髮少年是個富人家的少爺。

安徒生失去學校後，變得沉默寡言起來。父親為了讓他高興，就為安徒生製作布偶玩具，還和安徒生一起為布偶做衣服。父親還從書架中找出霍爾伯格的戲劇作品，與安徒生一起對照劇中的情節，用布偶作為演員，把自己的工作台當做舞台，一遍一遍表演劇情。

正是這些小小的布偶，為失落的安徒生帶來了快樂，同時也讓他萌發了對戲劇的熱愛。在這樣的遊戲當中，安徒生還發現了自己對戲劇特殊的領悟才華——他可以在遊戲中將整幕的台詞都完整背下來。在父親忙碌或者心情不好時，他自己也能夠排演出完整的戲劇。

安徒生當時還有個好朋友，恰好是專替劇場發節目單的。每次，他都會送一張劇場的節目單給安徒生。

不論劇場中上演的是什麼劇碼，在安徒生面前展現出來的都是一個嶄新的世界。

雖然安徒生很喜歡戲劇，但是整個冬季他也只能去看一次，因為沒有更多的錢去看第二次、第三次。所以每次拿到節目單後，安徒生就開始仔細「研究」，從節目單上的戲劇情節說明和演員所擔任的角色名單中，將全劇的情景在腦海中想像出來。因此，安徒生雖然不能每場戲都去看，但在他的腦海中，卻是每天都有好戲在上演呢！

安徒生經常將自己想像的戲劇情景說給父親聽：

第三章 父親病逝

「爸爸，今天的戲有一幕，是一個美麗的公主要她的王子騎馬逃到城外。不過，配上秋天的布景我認為不如春天的好呀！」

父親一邊修補皮鞋，一邊聽著兒子為自己描述戲劇劇情。這可能就是最初安徒生在不知不覺之中所創作出來的藝術吧。

父親經常驚異的稱讚兒子：

「漢斯這孩子，我看將來一定能成為一個了不起的大人物！漢斯，你是不是已經能夠自己讀懂那些故事和詩了？真是太棒了！」

安徒生也一直懷著這樣的美好理想。不過，母親瑪麗亞的想法卻與他們父子不一樣。她希望安徒生能成為一名裁縫。她覺得，學一門裁縫手藝，走到哪裡都會有飯吃，這簡直是最好的職業了。而且，她認為兒子心靈手巧，編織、縫綴等手藝肯定是一學就會。所以母親認為，安徒生當裁縫是最合適不過的了。

「等你長大了，就開一家裁縫店，好嗎？」她用啟發似的口吻跟安徒生說，「你看，史特格曼先生現在多有錢啊，而且他還有四個徒弟，他的裁縫店在最繁華的街上。你如果也學裁縫手藝的，一定也會成功的。」

安徒生搖搖頭。這樣的安排，他是連聽都不想聽的。

醜小鴨也會變天鵝
譜寫瑰麗幻想的安徒生

（二）

　　一八一三年，安徒生八歲的這年，拿破崙發動了戰爭，支援法國的丹麥也被捲入戰爭當中。戰爭給丹麥人民的生活帶來了災難，人民生活日益困苦。

　　安徒生家也沒有擺脫厄運，本來就很拮据的日子，因為戰爭而變得更加艱難了。父親經常**鬱鬱寡歡**，一個鐘頭一個鐘頭的在屋子裡踱著步，嘴巴裡還在不斷自言自語，誰也不清楚他在說些什麼。

　　家裡幾乎沒有什麼收入，因為沒有什麼工作要做，好像人們的鞋子因為戰爭的爆發就再也不破了一樣。

　　家中已經沒有錢購買一家人必需的食物了，安徒生的父親十分焦慮。這天，他又到麵包師約格涅斯的店中賒欠麵包，卻遭到了婉言拒絕：

　　「漢斯先生，請您原諒，我不能再賒給您麵包了，我的生意已經入不敷出了，店鋪也要倒閉了。」

　　漢斯絲毫沒有責怪麵包師的意思，可是一想到這樣兩手空空回家，怎麼向家人交代呢？一家人總要吃飯的呀！

　　戰爭仍在繼續，到處都張貼著丹麥為支援法國而招募新兵的規定，沒有人敢違抗。恰好鄰村有個有錢人家的兒子不願意去服兵役，漢斯就狠著心去頂替了他。隨後，他們給了漢斯三十萬嶄新的票子。

　　聽說父親要去前線打仗，安徒生和母親都十分難過。母親把小安徒生摟到懷中，流著眼淚說：「可憐的孩子，爸爸要扔下我們不管了，他要去打仗了……」

　　「孩子，爸爸不會有事的。」父親摸著安徒生的頭，安慰他說，「我

厭倦了皮鞋匠的工作，而且生意現在也不好。我去當兵，不僅能拿到補助金，說不定還可以立功，成為將軍呢！到那時，你要什麼，就會有什麼了。」

第二天，漢斯就告別了妻兒，頂替富家人的兒子去了前線。他是為了自己摯愛的家人而甘願冒生命危險去的，但同時也是帶著自己想要成為將軍的夢想去的。不過，上帝連這樣的美夢也沒讓他和家人做得太久。他用服兵役所換來的三十萬紙幣，很快就因為貨幣貶值而變得一文不值，成為一堆廢紙了。

家中的生活再一次陷入困境，瑪麗亞不得不將自己的房子租給別人住，自己帶著安徒生住在頂樓，用房租的錢來勉強維持生活。

父親的離去讓安徒生很難過。他曾這樣記述父親離家去前線那個早晨的情景：

「這天早晨所發生的情景，是我記得的第一件傷心事。」

但這件令安徒生難過的事情很快就有了轉機。

原來，父親參加的軍團剛剛開到荷斯丁時，拿破崙就戰敗了，戰爭就此結束，父親所在的軍團不得不原路返回。

這天，安徒生正在家中擺弄布偶，忽然一個當兵的人走了進來。

安徒生抬頭一看，這個人骨瘦如柴，面容更是疲憊不堪，就好奇打量起來。

「嗨，小傢伙，你又長高了！」這個人見到安徒生，突然笑著說。

安徒生的心突然顫動了一下，「是爸爸嗎？」他幾乎不敢認了，眼前的這個人與父親走之前的樣子太不一樣了。

「當然！怎麼，你都不認識爸爸了？我是爸爸呀！」

醜小鴨也會變天鵝
譜寫瑰麗幻想的安徒生

「太棒了！真的是爸爸回來了！」

安徒生又驚又喜，撲到父親的懷中。

這時，剛剛從河邊洗衣服回來的瑪麗亞也看到了漢斯。她吃驚的問：「漢斯，是你嗎？」

「沒錯，是我呀。你看，我不是很好嗎？」

「可是，你怎麼成了這個樣子？」瑪麗亞一臉的不解。

原來，在開赴前線的日子裡，漢斯所在的部隊一直滯留在國境線邊的一個貧困小鎮上，一次戰鬥也沒有參加。可是，他們卻要不停訓練，還缺少食物，這令漢斯本來就不太好的身體很快就垮了下來。等到戰爭合約簽訂後，他們的部隊很快就解散了，士兵們也各自回家了，所以漢斯才變成了這樣。

父親回來了，家中的一切又恢復了原來的樣子。父親也再次回到他的工作台上，可卻每天都是一副無精打采的樣子。

（三）

一八一六年三月的一天，鞋匠漢斯正在修著一雙破皮鞋。突然，他高高舉起修鞋用的刀子，大聲喊道：

「聽我的命令：現在，拿破崙皇帝已經下令，我們的部隊要攻破荷斯丁，向德意志進攻！」

這突然的舉動把瑪麗亞嚇壞了，她大聲喊著安徒生：「漢斯，漢斯，快來呀！」

聽到母親像一樣的喊聲，十一歲的安徒生急忙從外面跑進來。

可還沒等安徒生反應過來，父親已經衝出了大門，跑到大街上，手中揮動著修鞋刀，嘴巴裡還不停大喊著：

「前進！前進！前進！」

看著父親與平時不一樣的舉動，安徒生與母親嚇得慌作一團。

「漢斯，你還愣著幹什麼？趕快去到那個會算命的太太家中，叫她幫忙卜個卦。我現在出去，把你爸爸弄回來！」

一向迷信的瑪麗亞一邊大聲吩咐著安徒生，一邊跑出門去追趕自己的丈夫。

安徒生現在才真正意識到問題的嚴重，他慌忙跑出門，去找卜卦的老太太。

安徒生跑得上氣不接下氣，終於找到了老太太，並把事情說清楚了。老太太聽完後，慢慢拿出一根毛線，又量了量安徒生的手腕，念了幾句安徒生根本聽不懂的咒語，然後又拿了一根碧綠的小樹枝，放在安徒生的胸口上，說道：

「這根樹枝和耶穌背上十字架的木頭是同一種樹木。」

醜小鴨也會變天鵝
譜寫瑰麗幻想的安徒生

接著，她又閉上眼睛接著說：

「好了，你現在就沿著河邊走回去。如果途中遇到你父親的靈魂，就是你父親已死的訃告。」

安徒生聽了，覺得陰森森的，很害怕。他又轉過頭沒命似的沿著河邊往家中跑，還好，一路上也沒有遇到父親的靈魂。安徒生這才放下一顆懸著的心。

回到家後，安徒生看到了躺在床上的父親。他臉色青白，已經沉沉睡去了。

兩天後，漢斯的病情不斷惡化。無論是巫醫的草藥，還是瑪麗亞的關懷，全都無濟於事。他先是不停胡說八道，然後沉沉睡去。第三天，他的眼睛突然放出光彩來，緊緊盯著窗戶上厚厚的冰花，眼珠一動也不動……

過了好一會兒，母親瑪麗亞才醒悟過來。她悲傷的對身邊的安徒生說：

「孩子，你的爸爸已經離開我們了，他被冰姑娘帶走了。」

安徒生也明白了這句話的意思。還是在去年的冬天，家裡的窗戶結霜花時，有一天，父親指著玻璃讓安徒生看一個好像少女伸著胳膊的形象，開玩笑似的說：「明年，這個冰姑娘一定會來接我的。」

這當然只是父親當時開的一個玩笑，可是現在，望著躺在床上好像在熟睡的父親，安徒生和媽媽都不禁想起了這件往事。

父親去世後，因為沒有錢買木製的棺材，安徒生和母親只能為父親買一個用黃色的稻草板做成的棺材。隨後，父親就被安葬在聖甘諾教堂院子中的窮人墓地裡。

悲痛至極的老祖母，在漢斯的墳墓上種了幾株玫瑰花。她說：可憐的漢斯這麼喜歡花，就讓這些花來陪伴他吧。

後來，這些玫瑰花真的開了。

父親死後，家裡的生活更加難以維持了，母親瑪麗亞唯一的謀生手段就是每天為別人洗衣服。在寒冷的冬天，河水的溫度是無法想像的，她只好喝幾口酒來驅寒。這在體面的有錢人看來，是多麼粗鄙的行為啊！因此，刻薄的流言也很快不脛而走，城裡的人們都在竊竊私語——

「鞋匠的老婆瑪麗亞原來是個嗜酒如命的女人啊！」

有一次，安徒生正揣著酒瓶往河邊走，準備去送酒給母親時，牧師的寡婦忽然從窗戶裡伸出頭來，對著安徒生大罵：

「呸！真是下賤的東西！你的媽媽就是個廢物！」

這些話都深深銘刻在安徒生的記憶中，他為母親感到無限的屈辱，一八五三年，安徒生把這件事寫進了他的童話《她是一個廢物》中，對此表達出了深深的憤慨。不過，他至死都沒弄明白，人怎麼會那麼殘酷？世道怎麼會如此的不公平？

當然，父親的離去也讓安徒生變得更加寂寞，他每天只能獨自在家中玩布偶戲，看戲院的節目單。可是，父親的身影卻總是不斷在他的腦海中盤旋，引起他無限的悲傷。

醜小鴨也會變天鵝
譜寫瑰麗幻想的安徒生

第四章 艱難的磨練

世間沒有一種具有真正價值的東西，可以不經過艱苦辛勤勞動而
能夠得到的。

——安徒生

醜小鴨也會變天鵝
譜寫瑰麗幻想的安徒生

(一)

母親瑪麗亞很想獨自支撐起這個家，讓安徒生過上好點的生活，但她又能有什麼好辦法呢？只有靠拚命為別人洗衣服來維持生活。

由於雙腳經常站在水中浸泡，瑪麗亞的腿腳都浮腫得很嚴重。尤其是秋天以後，日子更是一天比一天難熬。日漸冰冷的河水，就像刀子一樣在她的腳和手上剁割，疼痛如同鑽心一般。

看到母親所遭受的痛苦，安徒生暗暗發誓，一定要努力，將來讓母親過上像富人一樣的生活，不讓母親再像現在這樣，在寒冷的冬天裡站在冰冷的河水中為別人洗衣服。

安徒生認為，要想成為有錢人，首先就要學習知識。而獲得知識的方式，當然就是從學校中獲得。於是，儘管當時家中拮据，安徒生還是央求母親送他到一所專門為富人開辦的學校讀書。那時的安徒生天真的認為，只要進入富人的學校讀書，就可以像富人子弟一樣，獲得知識，以後成為富人。

可是，校長卻不願意接受他，認為他衣服破舊，有損學校的形象。在母親的苦苦哀求下，學校勉強接受了他。可是，接下來的生活更讓安徒生難過，因為那些富人家的學生根本看不起他，甚至歧視、侮辱他。而且，學校也並不像安徒生想像的那樣，向學生們傳授文化知識，而是整天向他們灌輸一些生死有命、富貴在天的哲學。

安徒生徹底明白了，這並不是他這樣的窮孩子該上的學校。一氣之下，安徒生離開了學校，再次失學了。

從這以後，安徒生更加內向了，整日悶悶不樂把自己關在家中。

就在這時，鄰居文凱佛洛太太見安徒生每天悶在家裡很可憐，就

邀請安徒生到她家中玩。

文凱佛洛太太是一位牧師的遺孀,她與牧師的妹妹一起住。儘管安徒生一向不到別人家玩,但是這次他答應到文凱佛洛太太家去做客。因為他知道文凱佛洛太太死去的丈夫是個很有名望的牧師,而且還是當時丹麥文壇上比較有才華和影響的詩人。

文凱佛洛太太一家人對安徒生很熱情。在牧師家的書架上,放著許多精美的書籍。安徒生對這些書籍簡直愛不釋手。

這時,牧師的妹妹指著其中的一本說:

「這是莎士比亞寫的書,讓我念給你聽吧。」

說著,她拿起書,翻開來念給安徒生聽。這是安徒生第一次讀到英國戲劇大師的作品。在池塘中漂浮的奧菲利亞,在狂野中舉手向天的李爾王,以及那些為愛恨格鬥、流血的場面,更是極大的觸動了安徒生幼小的心靈。

聽完這些故事,安徒生不但對故事情節瞭若指掌,而且很快就能整段整段背誦出來。回到家中後,他還沉浸在莎士比亞的劇情當中,並將這些戲劇改成紙人戲自己編演。安徒生發現,這些戲比他以前編演過的戲都更生動、有趣。

「我自己也來寫一齣戲吧。」安徒生這樣想著。

於是,他從丹麥古老的傳說中取材,模仿莎士比亞的劇情,描寫了一對青年戀人的悲劇故事。他們彼此相愛,但最終又被拆散,然後雙雙死去。

安徒生當時認為,故事中的人物死的越多,故事就越有趣。

安徒生對自己的處女作很滿意。寫完後,他就站在花壇下高聲朗

醜小鴨也會變天鵝
譜寫瑰麗幻想的安徒生

誦起來。隔壁的一位太太聽到後，就從窗口伸出頭來，問道：

「漢斯，這到底是什麼戲呀？」

「它叫《亞伯爾與埃爾比拉》，是我寫的。」安徒生驕傲的說。

老太太捧著肚子笑了起來：

「難怪我聽起來覺得一點意思也沒有呢，都是些亂七八糟的東西，我看叫《鱈魚與紫魚》還差不多。」

安徒生聽了，垂頭喪氣走了回來。

「不要難過，她們其實是嫉妒你，」剛剛下工回來的母親安慰他說，「因為她的兒子根本寫不出這麼好的戲劇。」

母親的安慰讓安徒生稍稍消除了內心的氣惱。於是，他又滿懷激情拿著自己的劇本跑到文凱佛洛太太家中，將這些故事讀給她聽。

文凱佛洛太太聽完安徒生的朗誦後，驚訝的說：

「漢斯，原來你已經能夠寫出這麼棒的劇本了，真是了不起！」

受到鼓勵的安徒生更加有信心了。回到家後，他又開始準備寫第二個劇本。在這個劇本中，他希望能描寫國王和王后，而且還有一些貴族的生活。於是他又讀了一些莎士比亞的作品，還在街上買了一本用丹麥語解釋的英語、德語和法語的字典。利用這本字典，他又將幾種外國話摻雜起來寫，令故事讀起來更加逼真，故事中的對白也更像是貴族講的話。

劇本寫好後，安徒生自己朗誦了一遍，感覺措辭真的很不錯，他甚至開始佩服起自己的才華來了。

第四章 艱難的磨練

（二）

就在安徒生集中精神寫劇本時，街上的長舌婦們開始議論他們家的生活了：

「這家鞋店的老闆娘準備打算讓她的兒子遊手好閒到什麼時候呢？」

「誰知道呢！簡直就是瘋子。」

……

瑪麗亞聽到這些議論後，心裡也感到不安起來。於是，有一天，她把安徒生叫到身邊，對他說：

「漢斯，媽媽本來不打算讓你出去做事賺錢的，可是現在左鄰右舍的閒言碎語太多了，我看你還是找一家工廠工作一下吧，好嗎？」

其實也難怪鄰居們說閒話，因為隔壁的孩子比安徒生還要小兩歲，早就在工廠工作了，每個星期都會拿回一些錢。

安徒生也不想違背母親的意願，而且覺得母親每天為了維持家境也實在太辛苦了。於是，十一歲的安徒生便被母親送到一家工廠裡做童工。

在這家工廠工作的，都是一些窮人家的孩子。當瑪麗亞看到破爛的工廠和穿著破衣爛衫的工人時，就有些後悔了，覺得自己不應該把兒子送到這裡來受苦。

可是，安徒生進入工廠後，卻很受工人們喜歡。因為安徒生有一副十分動聽而高亢的女高音歌喉，每當他唱歌時，所有的工人都會停下手中的活，甚至連機器都停止運轉，一起傾聽他唱歌。大家為了能夠聽安徒生唱歌，甚至連他的那份工作都幫他分擔了。工廠裡的生活

醜小鴨也會變天鵝
譜寫瑰麗幻想的安徒生

讓安徒生很喜歡，他很快就適應了。

安徒生還告訴工友們，自己不但會唱歌，還會演戲呢，而且能演出霍爾伯格和莎士比亞戲劇的全部情節。大家鼓掌讓他表演，安徒生就像在一個真正的舞台上一樣，表演得一絲不苟，維妙維肖，那副神態完全與舞台上的演員一模一樣。

可是，有一天，當安徒生表演正在興頭上時，一個雇工突發奇想，說道：

「漢斯這傢伙，說不定不是個男人哩！」

大家一聽，也都跟著大聲地隨聲附和起來。如果不是有女高音，他怎麼能有這樣的表演才能呢？

於是，幾個雇工抓住安徒生，摁住他的手腳，一副要將事情弄清楚的架勢，大聲嚷嚷道：

「沒錯，他就是個女孩子！」

這讓安徒生感到十分羞恥，他拚命掙扎，才終於掙脫了工人，哭著從工廠跑回家中。

當瑪麗亞得知兒子受到的侮辱後，後悔自己不該將安徒生送到那裡去。

幾天後，瑪麗亞又托人幫安徒生找到另外一份工，是幫人包裝鼻煙。可是時間不長，這份工作就讓安徒生染上了病，無論是白天工作，還是夜裡躺在那張長凳上輾轉難寐的時候，他都會忍不住發出一陣陣窒息的咳嗽聲。這樣的咳嗽讓瑪麗亞驚恐不安。這孩子與他的父親一樣，肺不好，如果再多呼吸煙草的粉塵，他會送命的。

無奈之下，瑪麗亞又把安徒生從工廠領了回來。

第四章 艱難的磨練

　　不就，安徒生又成了油漆匠的小助手。可是幾天後，他就挨了一頓揍，周圍的一些富家孩子常常成夥追打他。

　　「打這個寫劇本的！」

　　他們嬉笑著、尖叫著，向他投擲石塊、帶刺的果殼和一團團髒東西。回到家後，瑪麗亞看到兒子腫起來的眼睛上帶著一大塊青紫的血斑，心疼得直嘆氣。

　　「可憐的孩子，如果這樣下去，用不了多久你就要變成殘廢了……你還是上慈善學校吧！鄰居們愛說什麼，就隨他們去說好了！」

　　就這樣，安徒生有了第三個老師，但那個學校只教授聖經。

　　聰明的安徒生根本用不著複習，老師所講的字字句句，他幾乎都能印在腦子裡。回到家後，他還有很多時間讀小說和演木偶戲，或者沉醉在自己的幻想當中。

　　而這時，安徒生一家的日子已經過得相當艱難了。不久，另一個年輕的鞋匠尼里斯・龔傑生成為他們家的座上客，不久，瑪麗亞就嫁給了他。

　　一個陌生人取代了父親的地位，讓安徒生有些鬱悶。因為有了他，安徒生感覺母親與他的關心疏遠了。從前，母親總是不斷給予他安慰和疼愛，而如今……

　　不過，安徒生還是很愛母親的，他也理解母親的日子很艱難，他一點也不想讓她傷心。

　　近來，安徒生十分思念父親，許多父親說過的已逐漸淡忘的話語也經常湧上心頭。父親說過：追求自己的理想吧。不要怕窮，要學習，要讀書，要到外國去見識見識！

醜小鴨也會變天鵝
謢寫瑰麗幻想的安徒生

　　現在，安徒生也很想到外面見識見識。

第四章 艱難的磨練

(三)

一八一九年春，十四歲的安徒生已經是身材修長的小夥子了。母親瑪麗亞說：

「孩子，你已經十四周歲了，應該行堅信禮了。」

在西方國家，作為基督教徒，在出生後要受洗禮，在成年後還要行堅信禮，這樣才算成為真正的基督教徒。而且，堅信禮也相當於成人禮，行禮後代表一個人已經從少年進入成年，此後應該有自己獨立的生活與家庭責任了。

瑪麗亞希望，安徒生行過堅信禮後能真正意識到自己已經長大，不能再每天生活在自己的幻想當中，而應從事一個正當的職業，為家裡分擔一些責任。

瑪麗亞一直都希望安徒生能成為一名裁縫，因為他喜歡縫紉工作，喜歡為木偶做衣服，針線活也做得很棒，這不正是做裁縫的料嗎？

不過，安徒生可不這麼想，他對母親說：「我不會做裁縫的，我想要當一個演員。」

這樣的話，瑪麗亞已經聽過不止一次了，但這次她卻十分生氣：

「不要再每天胡思亂想了！我不會讓你當演員的，唱戲的人永遠會被人瞧不起。你準備一下受堅信禮吧，牧師會好好開導你的。」

母親很快就為安徒生準備好了行堅信禮所要穿的衣服，那是拿他去世的父親的禮服修改的，安徒生穿上後很合身。另外還有一雙他從沒穿過的鞋子。

看到這些東西，安徒生突然感到高興起來。這時，安徒生反而希望快點舉行堅信禮了。

醜小鴨也會變天鵝
譜寫瑰麗幻想的安徒生

要受堅信禮，就要提前到教堂報名登記。按照以往的規矩，有錢有勢人家的孩子都由教堂中的大牧師來主持堅信禮；而窮苦人家的孩子，則由牧師的助手來主持。

可是安徒生在報名時，卻堅持要由大牧師來為他主持堅信禮。大牧師雖然覺得安徒生的行為有些魯莽和可笑，但也沒有明確拒絕，因為畢竟沒有規定窮人家的孩子就一定要由助手來主持堅信禮。再說，安徒生也算是鎮上的一個小名人了，會表演、會唱歌，其實大牧師本人也很欣賞他。於是，大牧師就答應了安徒生的要求。

不過，安徒生並不是為了虛榮才要求大牧師為自己主持行禮的，他是希望能趁這個機會與拉丁文學校的學生一起到教堂中做禮拜。因為他覺得有了母親為他準備的衣服和鞋子，自己在那些人面前並不丟人。

那個拉丁文學校的學生來他父親的店裡定製皮鞋時的那一幕往事，至今安徒生都記憶猶新。

可是，現實馬上給了安徒生當頭一擊。當他來到牧師那裡，準備與那些富人家的孩子一起行堅信禮時，那些拉丁文學校的學生卻對他流露出一副瞧不起、甚至是鄙夷的表情和舉動來。

只有一位少女，同情被冷落的安徒生。她友好的與安徒生打招呼：

「嗨，你好，漢斯！」

「啊！丁娜爾小姐──」安徒生有些緊張的打招呼。她是貴族羅恩家中的丁娜爾‧羅恩小姐。

「堅信禮後，我就要到哥本哈根去了，我的姑姑要在那裡開一個舞會。」

第四章　艱難的磨練

「是嗎？」安徒生不假思索地回答，「我也一定要到那裡去。我的目標是到皇家劇院當演員。您如果在那裡，一定要去看我的演出，我可以邀請您嗎？」

「當然可以，」丁娜爾小姐爽快地接受了愛迪生的邀請，「如果你演出成功，我就送一束鮮花給你。現在，我這裡有幾朵玫瑰花，就先送給你吧，這是我剛剛剪下來的。」

說著，她將手中的花送給了安徒生。

「謝謝您。您的這份好意，我一輩子都不會忘記。」

安徒生十分高興的接過了丁娜爾小姐的花。回到家後，他十分珍重的將玫瑰花插到花瓶中，裝上水，直到花徹底枯萎了，他都捨不得扔掉。

這一天讓安徒生最不能忘懷的，就是丁娜爾小姐。因為她的好意送花，讓安徒生感到十分幸福。儘管其他的富家子弟不喜歡與他來往，但他毫不在乎。

「只要丁娜爾小姐和我在一起就可以了。」安徒生心裡感到無比的欣慰與滿足。

在行禮這天，安徒生穿著母親特意為他準備的那套漂亮的衣服，還有那雙走路時會發出聲響的皮鞋。

「要是丁娜爾小姐能夠注意到我的這雙鞋子，那該多好呀！」安徒生暗自想著。

後來，在安徒生的作品中，有一篇名叫《紅鞋子》的童話，說的就是一個女孩子穿了一雙紅色皮鞋的故事。在這個女孩子的身上，怎能說沒有丁娜爾小姐的影子呢？

醜小鴨也會變天鵝
謹寫瑰麗幻想的安徒生

　　安徒生的堅信禮是在一八一九年復活節後的一個星期天，在聖托諾脫教堂舉行的。牧師在教會的記錄上，寫下了這樣一段話：

　　「他具有豐富的才能和宗教知識，他的努力雖然還不足稱讚，可是，他的態度卻很平靜謙和。」

第五章 前往哥本哈根

生命是美麗的，我們不要總是垂著頭，勇敢前進吧！

——安徒生

醜小鴨也會變天鵝
譜寫瑰麗幻想的安徒生

（一）

　　由於安徒生有著美妙的歌喉，還有非凡的朗誦和表演才能，鎮上的幾戶有權勢的人家開始注意他，還經常招呼安徒生到他們家中做客。

　　其實，他們多半都帶著一點好奇心，想讓安徒生當面給他們表演一下，以驗證一下鎮上的傳聞是否屬實。

　　在邀請安徒生的人中，有一位名叫霍格‧古爾貝的上校，他十分欣賞安徒生。他甚至將安徒生介紹給丹麥的王子，也就是後來的丹麥國王克里斯欽八世。

　　在古爾貝上校的安排下，王子意外的接見了安徒生，這在當時簡直是不可思議的榮譽。上校向王子詳細介紹了安徒生的情況，王子也很欣賞安徒生，並對他說：

　　「你的歌唱和朗誦確實很美妙，但這並不是你的天賦所在。有這樣才華的人很多。讀書是個漫長的過程，你的家境比較困難，如果你願意學一門車工一類的手藝，我會給你安排的。」

　　「不！親王殿下，」安徒生說，「我一定要設法做一個演員。」

　　親王聽了，很不愉快的皺了皺眉頭。不過在安徒生充分顯示了他的才華後，這位王子（後來當了國王）還是在安徒生遇到困難時，給予他很大的幫助。

　　安徒生當時認為，學手藝謀生是缺乏志向的表現，他不想再像父親一樣，成為一個手藝人。他的理想是當一名演員。

　　這時，安徒生又想起了堅信禮上丁娜爾小姐的話，於是更加堅定了走出小鎮，到哥本哈根去的想法。

　　不過，瑪麗亞卻還在極力勸說安徒生去學習裁縫，儘管她根本說

服不了安徒生。

「我希望成名，我不是說做裁縫有什麼不好。可是，我想依靠我自己的才能，找到另外的成名方法。」

接著，安徒生又為母親列舉了幾位大人物在少年時代貧苦奮鬥的實例，那是瑪麗亞從來都沒聽過的，但瑪麗亞卻沒有理由阻攔安徒生奮鬥的勇氣。

「那麼，你到底要幹什麼呢？」

「去演戲，到戲院裡當演員。」安徒生一臉得意，他已經下定了決心，一定要去演戲。

原來在一八一八年六月，哥本哈根皇家劇院的一批男女演員和歌唱家曾到奧登塞鎮來演出過。當時，他們的傑出表演成了小鎮上的人們紛紛議論的一件大事。

安徒生進到舞台側門後，對那幾個演員說他也愛好戲劇，希望能看他們演出。於是，他們安排安徒生到後台觀戲。在一場歌劇中，劇團的領隊還讓安徒生登台，擔任書童或牧羊孩子一類的角色，他都演得很認真，也演得很成功。

在這以後，安徒生就更加迷戀戲劇了，一心想要到皇家劇院去當演員。

皇家劇院在丹麥的首都哥本哈根，那是全國最大的城市，位於西蘭島的東岸，從菲因島的奧登塞市前往哥本哈根，一定要橫越海峽不可。

但是安徒生根本不在乎路途的遙遠，他認為，只有到那裡去才是最有前途的。他想，要是能到那裡，他就去找皇家劇院的經理，然後

醜小鴨也會變天鵝
譜寫瑰麗幻想的安徒生

親自向經理陳述自己的志願。經理一定會答應他的請求，給他一個位置，然後他就能認認真真演戲了。這樣，說不定他很快就能成名，並成為觀眾的偶像呢！

（二）

為了讓母親瑪麗亞同意自己的決定，安徒生頗費了一番心血。但是最後，還得感謝那個算命的老太婆，因為母親是很信命的。

「好，好，我占卜的卦就沒有不靈驗的。」

老太婆拿出一副牌來，然後用怪模怪樣的手法算了起來。過了一會兒，老太婆念念有詞地說：

「孩子的幸福之花不在這裡開放，得離開這，到遠方去尋找！」

她緩了口氣，又接著說：

「現在，我看見許多星星……突然把四周照得通亮！這是焰火，只有有大人物出現時才會有焰火，但這次的焰火不為別人，是為了您的孩子！將來，我們的奧登塞市一定會搭起彩牌樓，慶祝他的成功！你們，還是依著孩子去做吧。」

非常迷信的瑪麗亞被這個卜卦戰勝了，她再也不反對安徒生的主張了。

可是，出行是需要錢的。

兩年來，安徒生用鋼鐵一般的毅力，積攢了每一個好心人給他的每一個銅板。他把這些銅板都放進一個罐子中。現在，他打碎罐子數一數：一共十三塊。這個數目，在瑪麗亞和安徒生看來，都是十分可觀的。

不過，鄰居們聽說安徒生要隻身一人去哥本哈根，都覺得很不合適：

「讓一個十四歲的孩子獨自出遠門，到那麼人地生疏的大城市去，這可是一件可怕的事啊！」

醜小鴨也會變天鵝
譜寫瑰麗幻想的安徒生

　　「是啊，」瑪麗亞說，「可是他每天攪得我不得安寧，我只好同意了，但我肯定他是到不了那麼遠的。一見到那洶湧的海洋，他就會嚇得返回來了。」

　　一八一九年七月，奧登塞來了一位名叫哈梅的女演員。安徒生認識的一位本地男演員帶著他去見哈梅。女演員熱情接待了安徒生，並認真傾聽了他去哥本哈根的想法，然後鼓勵他到那兒去。這樣一來，安徒生去哥本哈根的事就定下來了。

　　鄰居們聽說安徒生要到人生地不熟的哥本哈根去，都建議他找個人寫幾封介紹信帶著。安徒生聽說，芭蕾舞女演員沙爾夫人是哥本哈根皇家劇院中十分著名的演員。在他看來，沙爾夫人就是個萬能的舞蹈皇后，任何事都可以辦到。要是她能幫上忙，那是最好不過了。

　　安徒生想到了老印刷商艾弗森，他是奧登塞最體面的公民之一。安徒生聽說，哥本哈根的演員來奧登塞演出時，艾弗森曾與他們有過一些交往。所以他推斷，艾弗森一定認識著名的沙爾夫人。

　　於是在一個星期天的下午，安徒生去拜訪了艾弗森。

　　艾弗森認真傾聽了安徒生的計畫和請求，但他卻勸安徒生放棄他的打算，安下心學一門手藝。

　　「那真是人生最大的罪孽。」安徒生回答。他是斷然不會去學什麼手藝的。

　　安徒生堅定的決心令艾弗森老人感到很吃驚，他對安徒生也產生了好感。

　　「我並不認識那位舞蹈家，但我可以寫一封信給她。」

　　於是，他認認真真寫了一封推薦信交給安徒生。

終於，上路的日子定下來了。

一八一九年九月初，安徒生帶著自己辛苦攢下的錢和少量的行李離開了奧登塞。

臨行前，安徒生的老祖母趕來了。她拉著孫子的手，老淚縱橫。安徒生等著祖母說一些祝福的話，可她難過得一句話都說不出來。

從此以後，祖孫二人就再也沒有見面。兩年後，安徒生還在在哥本哈根時，祖母去世了，埋葬在教堂院子裡的窮人墓中。

祖母的眼淚和擁抱也讓安徒生很難過。不一會兒，啟程的哨聲響起，安徒生登上了馬車，馬車終於啟動了。

一路上，安徒生還是很愉快的，因為終於就要見到嚮往已久的哥本哈根了。後來，他在自傳中這樣描寫自己當時的心情：

「馬車左駕座上的車夫吹著號角。那是一個陽光燦爛的下午，太陽照進了我愉快天真的胸懷。我為映入我的眼簾的每一件新奇的事物感到歡欣不已，一路向著我心靈深處所嚮往的地方駛去。」

然而，馬車才剛剛到達菲因島的終點紐波兒鎮，安徒生就「感到自己是多麼孤單而可憐，除了天國的上帝再沒有可以依靠的了」。

醜小鴨也會變天鵝
譜寫瑰麗幻想的安徒生

（三）

當時，哥本哈根是一座人口不到十萬的城市，與紐約、巴黎等大城市相比，它就像一個幽靜的省份。

哥本哈根又被稱為「塔城」，城市中有許多古色古香的塔。在塔頂上，金鐘齊鳴，發出悅耳的響聲。每到傍晚，守夜的更夫就會扛著小梯子，伴著齊鳴的鐘聲，到大街上把裝滿動物油的路燈點亮。

一八一九年九月六日，經過三天的旅程，安徒生終於踏上了他日夜嚮往的城市哥本哈根。

突然置身於熱鬧繁華的大城市，安徒生感覺就像夢遊一般。有那麼一剎那，他甚至覺得自己是那麼孤獨、那麼渺小，以至淚如泉湧。他仿佛覺得，自己來到了一個完全不認識的世界中，奧登塞在他的記憶中已經變得遙遠而渺小了。

不過，安徒生立刻擦乾了眼淚，因為現在不是哭泣的時候，而是勇敢、滿懷信心去行動的時候。

安徒生找到了一家小客棧，安頓下來後，馬上就去逛大劇院。從街上的海報看，今晚就有一場演出。

不過，安徒生就只有十三塊錢，這是他來這裡的全部生活費，所以他不能花錢買票進劇院看戲，只好眼巴巴繞著著劇院溜達，希望能多看一眼劇院。

當他正抬頭仰望著劇院出神時，突然有個人走到他身邊，對他說：

「喂，今晚的戲很好看，你不來一張票嗎？」

安徒生一聽，高興極了。他暗暗想：這個人可真不錯，他還要請我看戲。於是，他就回答說：

「真是太感謝你了，老伯伯。」

說完，他接過這個人遞過來的票，轉身就向劇院的入口跑去。

可是，身後這個人馬上追趕過來，大聲喊道：

「小傢伙，你想哄騙我嗎？拿了我的票怎麼能不給錢呢？」

安徒生驚訝地回過頭來，問：

「老伯伯，您的票不是送給我的嗎？」

「真可笑，哪有不給錢就白白送票的呢？」

原來這個人是個「黃牛」。

安徒生趕緊把票還給這個人，慌慌張張逃走了。

當時安徒生怎麼也沒有想到，十年後，他的第一部劇本就是在這裡上演的。

今晚的事讓安徒生很不愉快，他悶悶不樂回到住處睡覺，準備第二天去拜訪沙爾夫人。

第二天，安徒生穿上自己最漂亮的衣服——堅信禮服和那雙能發出聲響的皮鞋，戴上一頂半遮的帽子，將頭髮梳理得整整齊齊，去拜訪哥本哈根最著名的芭蕾舞明星沙爾夫人。

安徒生打算，見到沙爾夫人後認真向她作一番舞蹈表演，她一定會對自己的舞蹈技術感興趣的。

安徒生來到沙爾夫人的寓所門前，跪下來虔誠祈禱，希望上帝可以保佑他在這裡獲得幫助。

這時，一個女僕碰巧從寓所中走出來，看到衣著寒酸的安徒生，以為他是個乞討的，就順手給了他一枚錢幣，還誠懇對他說：

「收下吧！收下吧！」

醜小鴨也會變天鵝
譜寫瑰麗幻想的安徒生

　　然後就走了。

　　安徒生吃驚的望著她，難道她沒有看到嗎？自己今天穿的可是堅信禮服，一定很英俊，她怎麼能把自己當成乞丐呢？！

　　費了九牛二虎之力，安徒生終於說服了女僕，被許可去見沙爾夫人了。

　　見到沙爾夫人後，安徒生將艾弗森的推薦信給她。信裡講了安徒生的情況，說他是個聰明的小夥子，有遠大的抱負，喜歡舞蹈藝術。

　　可是，這位著名的舞蹈家沙爾夫人根本不知道艾弗森是何許人，她只是用一種奇怪的眼光打量著安徒生，這讓安徒生很不舒服。

　　安徒生見推薦信沒起作用，便決定豁出去了，希望以自己的實力——動聽的歌喉和維妙維肖的表演來打動沙爾夫人。

　　於是，安徒生滿懷信心向這位高貴、漂亮的女士深深躬了躬身，問她：

　　「夫人，我有這個榮幸為您表演一次嗎？」

　　不等沙爾夫人回答，安徒生就脫掉鞋子，踩著古怪的步子，把腳後跟磨得嘎嘎響，邊唱歌邊跳起舞來。

　　剛開始，沙爾夫人還靠在椅子上，以一種驚奇的眼光看著安徒生。但安徒生越跳越起勁，誇張的聲音，奇怪的舞步，加上劇烈的動作，讓沙爾夫人覺得安徒生簡直就是個瘋子。

　　沙爾夫人生氣的站了起來，呼喚她的僕人，讓她們將安徒生趕出去，連解釋的機會都不給他。

　　安徒生剛一出來，就聽見「砰」的一聲門關上了。那位著名的舞蹈家把他當成了一個有神經病的叫化子。安徒生委屈極了，但他又能

第五章 前往哥本哈根

去向誰訴說呢？

　　安徒生覺得自己簡直無法承受這個打擊，他一路狂奔到住處，傷心、難過、失望，各種痛苦的情緒通通向他襲來，他把自己關在屋子裡，難過的哭了……

醜小鴨也會變天鵝
譜寫瑰麗幻想的安徒生

第六章 夢想與現實

選擇一個人生的方向和目標，順著自己的心去發展，再也沒有比這個更快樂、更幸運的了。

——安徒生

醜小鴨也會變天鵝
譜寫瑰麗幻想的安徒生

（一）

安徒生所帶的有限的錢很快就花光了，他在盤算著下一步該怎麼辦。不過，安徒生並不灰心喪氣，因為現在正是考驗他有多大勇氣的時候。

經過一番思考後，安徒生決定去拜訪哥本哈根皇家劇院的經理赫爾斯坦，試一試自己的運氣。但是，安徒生連一封給經理的介紹信都沒有，該怎麼去見這位有地位有名望的人物呢？

安徒生到了劇院經理赫爾斯坦家後，向經理家的看門人報了他的姓名，並說自己有事要見經理。可是看門人卻不讓他見，說經理太忙，不接見任何人。

安徒生一再懇求，看門人心軟了，進去通報了主人。他終於被接見了。

「尊敬的經理大人，我來自奧登塞小鎮，我十分熱愛戲劇，請您答應我的請求，留下我作為劇院的雇員吧？」安徒生誠懇的對劇院經理說。

赫爾斯坦打量著面前這個像鸛鳥一般細高的青年人，然後用傲慢的口氣斬釘截鐵的說：

「不，不，年輕人！你太瘦了。總的說來，你的長相不適合上舞台。」

但安徒生早就有心理準備，他繼續懇切的說：

「經理，請您給我一個機會吧。我曾在奧登塞演過一個小角色，劇院的工作我也熟悉。我對薪水要求不高，每年給我一百元，我就滿足了……」

第六章 夢想與現實

還沒等安徒生說完，赫爾斯坦就嚴肅的搖著頭叫他趕快走開，並用蔑視的口吻說：

「我們只雇傭受過良好教育的人。」

這句話一下子就戳到了安徒生的痛處，因為安徒生沒有受過良好的教育。他沉默了，然後無精打采走出劇院。這一次，他又碰釘子了。

該想的辦法都想了，能做的努力也都做了，安徒生徹底失望了。在哥本哈根，他舉目無親，沒人能給予他幫助，也沒人能來安慰他，他感到自己走投無路了。這時，安徒生第一次想到了死，只有死才是最好的辦法。

這樣想著，安徒生的思緒也上升到上帝那裡了，他仿佛聽到了上帝對他的召喚。這時，他又像下定了決心一樣，改變了注意，管他呢，好歹先看場戲再說！

於是，他跑到劇院，用自己剩下的所有錢買了一張票，然後跑到最高層的座位上看起戲來。

這是安徒生第一次在哥本哈根的劇院看戲，這天劇院上演的是歌劇《鮑爾和維爾吉尼婭》。劇中的人物讓安徒生感動得大哭。坐在安徒生旁邊的一個女子見狀，忙安慰他說：

「這不過是在演戲，不是真的，你何必這麼悲傷呢？」

「我知道是在演戲，我所傷心的是，我現在正像這齣戲的那兩位主角一樣，要和戲劇永遠分別了。」安徒生難過地回答。

那個女子聽了安徒生這番話，覺得很驚奇，以為他是個精神不太正常的孩子呢。

為了讓他平靜下來，她塞給安徒生一片夾滿肉的麵包。安徒生

醜小鴨也會變天鵝
譜寫瑰麗幻想的安徒生

一邊流著淚，一邊把麵包吃下去。隨後，安徒生又將自己的遭遇一五一十跟這個女子講了。

女子聽了，又遞給安徒生一塊甜餡餅，此外就愛莫能助了。

雖然僅僅如此，但意外的款待和同情也讓安徒生得到了安慰，喚起了安徒生新的勇氣和希望。

(二)

安徒生的生活陷入了困境，因而他現在不得不先把自己的理想放在一邊，因為他必須認真考慮一下現實問題——付完第二天的房錢後，安徒生的全部財產就只剩下一塊錢了。

在哥本哈根，一塊錢能幹什麼？這時，安徒生想到了回家，而且必須要找一艘船免費捎他回家。來時，他花了三塊錢才搭乘上郵車，現在只有一塊錢了，搭乘郵車回家的方法是行不通了。可如果他就這樣回家了，鎮上的人肯定都會嘲笑他的，他覺得自己不能這樣回去。

當務之急，安徒生覺得自己必須找一份工作來養活自己。既然回到家後也是幹活，那還不如就在這裡找點活做呢。

做什麼活呢？安徒生沒什麼手藝，要找份工作是不太容易的。他必須先跟別人學點手藝。

安徒生覺得，命運真是會開玩笑，他千方百計想要擺脫學手藝的命運，結果現在自己卻不得不靠學手藝生存下去。至於到底該學點什麼手藝，安徒生並不在乎，只要能暫時利用這個手藝維持自己的生活就行。

安徒生買來一份報紙，從上面的廣告中發現一位做傢俱的木匠師父需要一個學徒工。安徒生就按照廣告上提供的地址找到了這位木匠師父。

老木匠十分熱情友好，還答應讓安徒生免費住在他家中，表示他願意收安徒生做徒弟：

「小夥子，你就在我這裡認真幹吧，九年就出師了。到那時你自己就能當老闆帶徒弟了。」

醜小鴨也會變天鵝
譜寫瑰麗幻想的安徒生

安徒生可從來沒有想過自己將來當什麼木匠老闆，他只想現在能掙一碗飯吃。因此，他提出先不訂合約，做幾天工作試試看。

第二天，安徒生來得很早，六點鐘就到了。這時，已經有幾個徒弟在那裡聊天了。

安徒生工作很賣力，不過其他幾個木工徒弟見他不是本地人，工作雖然賣力，卻笨手笨腳，而且像個女孩子一樣害羞，便都竊竊私語起來。到後來，他們越來越過分，開始諷刺、挖苦、欺侮他。這讓安徒生十分氣憤，並想到了那次在工廠所遭受的痛苦。

不到天黑，安徒生就去找老闆，說他不想訂合約。他覺得，在這樣的環境中他一天都待不下去。

「是不是小夥計們欺負你了？」老木匠問，「你剛來，他們跟你還不熟。往後，一切都會好的。」

「不，不，」安徒生不好意思的說，「謝謝您的好意，祝您一切順利！」

說完，安徒生就離開了老木匠的家。

但接下來，安徒生又為難了，該到哪裡去呢？他漫無目的在大街小巷上遊蕩，想到了小時候在麥田中撿拾麥穗的情景，在精神病院與瘋女人的奇遇；想到了祖母和母親在送他時眼中的淚花，想到父親慈祥的面容……

突然間，安徒生感覺父母為他所做的一切都是對的，一切都是為他好。現在，他開始後悔自己當初不該不聽他們的話。想到如今流落街頭的情景，真有一種生不如死的悔恨。

如果在夜幕降臨之前還不能找到留下的機會，安徒生就真的只能

找船回奧登塞去了。一想到要回家，安徒生就痛苦不已：

「想不到我漢斯 · 克利斯蒂安 · 安徒生的遭遇竟然慘到這樣的地步。」

在絕望中，安徒生突然記起曾在奧登塞的報紙上看過一則消息，說有個名叫西波尼的義大利人要當哥本哈根皇家音樂學院的校長。這時，安徒生突然有了個主意：

「我不是有一副受大家讚譽的女高音般的嗓子嗎？我就去找西波尼談談吧。要是這次還是不行的話，上帝一定會安排我回去的。」

下定這樣的決心後，安徒生就像抓住了一根救命稻草一樣，趕緊打聽有關西波尼的情況。這一次，上帝還真的幫了安徒生一個忙，讓他第一次嘗到了成功的滋味。

醜小鴨也會變天鵝
譜寫瑰麗幻想的安徒生

（三）

當安徒生找到西波尼家時，西波尼的家中正在舉辦盛大的晚宴，許多文藝界的名人都在這裡，如當時著名的作曲家韋斯、著名詩人巴格森等。

安徒生來到西波尼寓所的門口，對女管家說他要求見西波尼先生。

「小夥子，」女管家說，「西波尼先生現在正與朋友舉行聚會，而且都是一些有頭有臉的人物，他是沒時間見你的。」

「可是我今天必須見到他，」安徒生說，「我是個窮苦的孩子，是從奧登塞來的。我的歌喉好極了，我只是求他能給我一點點的時間，聽一聽我的唱歌和朗誦。一些有眼力的人都說我很有前途，我對自己也有信心，但現在我的境遇糟透了。請您讓我進去吧，西波尼先生也許會對我的才華感興趣。請您不要拒絕我！」

安徒生言辭懇切的請求感動了女管家，她終於答應去向西波尼先生通報一聲。

不一會兒，女管家出來說西波尼先生同意接見他時，安徒生簡直高興得快跳起來了。

在女管家的帶領下，安徒生進到客廳，站在一群名人面前，興奮和緊張得一時連話都說不出來。他努力定了定神，恢復了平時的鎮定與信心。隨後，他言語清晰而流利的向西波尼先生介紹了自己，並說明了他的來意。

「既然這樣，那好吧，請你就給我們表演一下唱歌、朗誦和舞蹈吧，」然後他又對在場的客人們說，「先生們，我們來輕鬆一下，欣賞一下這位年輕人的技藝，可以嗎？」

「好啊！」

「當然可以！」

其他人都表示贊成。

安徒生懷著興奮和激動的心情，向他們深深一鞠躬，然後便即興表演了霍爾伯格劇作中的一些情節，接著又背誦了幾首詩，最後還唱了幾首歌。

在表演過程中，安徒生十分投入。他還將自己在哥本哈根的經歷揉入到表演當中，動情之處，淚流滿面，博得了在場每個人的喝彩。

「這個孩子會有出息的，」詩人巴格森興奮的說，「我預言，他將來是要成為大人物的。」

他又轉身對安徒生說：

「當有一天所有觀眾都向你喝彩時，你可不要自以為了不起啊！」

「我也這麼認為，」著名作曲家韋斯教授說，「我們應該幫助一下這個孩子。我小的時候也很窮，沒有朋友，日子過得很艱難，所以我深深理解他的遭遇。我願意贊助他。」後來他為安徒生籌集了七十塊錢的捐款。

「我願意免費為他進行聲樂訓練，」西波尼先生也熱情的說道，「培養他唱歌，使他成為皇家劇院中一名出色的歌手。他的吃住我也包下了。」

安徒生幾乎感動得不知道該說什麼好了，眼前這突如其來的幸運讓他激動得泣不成聲。他已經是一個明白事理的少年了，他懂得該如何去回報這些好心人對他無私的關愛。

第二天，安徒生就迫不及待寫了一封信給奧登塞的母親，向她報

醜小鴨也會變天鵝
譜寫瑰麗幻想的安徒生

告了這個好消息：

親愛的媽媽：

您的身體好嗎？我非常想念您！

自從來到哥本哈根，我吃了不少苦。不過，請媽媽放心，現在一切的不順利都過去了。雖然在沙爾夫人那裡沒有得到什麼幫助，但我很幸運的得到了皇家音樂學校的校長西波尼教授的關愛，他不僅收留我，還親自教授我聲樂知識。詩人巴格森先生、作曲家韋斯教授，都對我很好。特別是韋斯教授，還為我籌集了七十塊錢的捐款作為學費。媽媽，您知道嗎？在這之前，我身上只剩下一塊錢了。韋斯教授與我的出身一樣，也經歷過貧苦的生活。以後，我一定要以他為榜樣，努力學習聲樂，將來有所成就，報答他們的恩情。

媽媽，您看到信後就請放心吧，這都是上帝的保佑。

您的兒子

這是一封充滿歡樂的信。母親瑪麗亞收到信後，高興的把這封信拿給所有的朋友看。她很慶幸自己當初聽了卜卦老太太的話。很多人看了安徒生的來信後，也都為她感到高興，但也有人說：

「還不知道結果會怎麼樣呢！」

很快，西波尼就為安徒生騰出了一間房子，讓他住下。隨後，安徒生就開始在西波尼的指導下學習聲樂。

安徒生很勤奮，每天都勤學苦練，進步也很快。他還一改在家鄉不愛與人交往的習慣，利用各種機會結識新朋友，因而也獲得了更多的幫助與同情。在很短的時間內，安徒生就成為大家喜歡交往的人物。許多人都知道安徒生來自奧登塞，是個貧苦的少年，現在正在皇家劇

第六章 夢想與現實

院指揮西波尼的門下學藝,接受免費培訓,還得到了像巴格森、韋斯這樣著名人物的關心與幫助。

西波尼認為,安徒生還應該學習一下德語。有一位從奧登塞來的婦女,聽說安徒生要學習德語後,就主動為安徒生找了一位她認識的語言教師,請他教安徒生德語。就這樣,安徒生很快又學會了一些常用的德語會話。

西波尼一家人對安徒生都很好,安徒生住在這裡也能吃飽穿暖。儘管西波尼的性格比較暴躁,但安徒生並不在乎這些,因為他知道,西波尼是真心為他好的。

然而天有不測風雲。正當安徒生在西波尼的培養下做著歌唱家的美夢時,他的嗓子突然變壞了。這個不幸,簡直就像閃電一般出人意料。

事情來得很突然。這天,剛剛度過十六歲生日的安徒生像往常一樣,站在鋼琴邊準備在西波尼的伴奏下練唱。可是一開口,連安徒生自己都被自己的嗓音嚇一跳。昨天還清脆嘹亮的女高音,今天卻變成了嘶啞難聽的聲音。

「孩子,你是生病了嗎?」西波尼關切的問。

「沒有啊,我好好的。」安徒生回答說。

「既然這樣,那今天就休息吧,也許明天就好了。」西波尼安慰安徒生說。

可是,第二天,第三天,……安徒生的嗓音依然沒有好起來。這是多麼大的打擊啊!上帝對他太不公平了。

事實上,安徒生的嗓音發生改變也是情理之中的事。十六歲的安

醜小鴨也會變天鵝
譜寫瑰麗幻想的安徒生

徒生正處於發育的關鍵期，而那年冬天特別寒冷，安徒生衣著單薄，而且長期走在積雪的泥濘路上，腳都凍腫了，還患上了重感冒，嗓子發炎，最終嗓音也發生了改變。

後來試用了很多方法，安徒生的嗓音都沒有好轉。西波尼教授見狀，也感到十分著急和惋惜。但是要想成為一名歌唱家，沒有一副好嗓子是不行的。現實就是如此殘酷，不論西波尼教授如何同情安徒生，他們都不得不面對現實。

西波尼建議安徒生回到奧登塞的家中去，但安徒生拒絕接受這一建議。幾個月後，西波尼終於決定不再供養安徒生了。

這年的秋天，安徒生又接到皇家劇院經理處的通知，告訴他以後不要再到劇院參加任何演出了。這也就是說，安徒生連擔任群眾演員的機會都沒有了。劇院的大門向他關閉了。

第七章 坎坷的經歷

希望之「橋」就是從「信心」這個字開來的——而這恰是一條把我們引向無限博愛的橋。

——安徒生

醜小鴨也會變天鵝
譜寫瑰麗幻想的安徒生

（一）

　　安徒生再一次走投無路。這時，一位名叫林德堡的教員同意安徒生跟著他免費學習戲劇藝術。可是很快林德堡就發現，安徒生不僅長相不漂亮，表演的手勢和動作也比較笨拙。看來，安徒生是不適合當舞台演員的。

　　就這樣，安徒生的這次努力很快又宣告失敗了。現在，他得完全靠別人的接濟才能生活。幸好有位好心人願意每月支援給他一點生活費，但也僅夠他支付房租和勒緊腰帶吃飯的。早上，他可以喝杯咖啡，吃上一塊便宜的麵包；午餐吃晚一點，喝一杯麥片粥或一杯牛奶；晚餐通常就不吃了，節省一點。

　　不過，困境中的安徒生並未因此而消沉，他依然每天穿戴得整整齊齊。他的藍色外衣和褲子的一些地方已經磨白了，他就仔細用藍墨水把它們染上藍色。由於正處於長身體的時候，他的個子又高，帶來的那套衣服明顯小了，他沒有錢換一套大一點的衣服，只好在走路和俯身時特別小心，以防把衣服撐破了。

　　現在的安徒生，與剛來哥本哈根時相比已經有了很大的變化，在西波尼家住的這段時間，他也結識了很多上層社會的名流，這也讓安徒生在離開西波尼的家後，不至於找不到任何請教的人。

　　經過一番思考後，安徒生決定爭取到皇家劇院附屬舞蹈學校去學習舞蹈。他首先想到了住在哥本哈根的同鄉，曾經給過他很多幫助的著名詩人古爾貝先生。古爾貝先生就住在城外新教堂的附近，這也是他在詩中多次歌頌過的地方。

　　安徒生馬上給古爾貝詩人寫了一封信，將自己的情況作了詳細的

第七章 坎坷的經歷

介紹，並表示希望得到他的幫助。

　　古爾貝先生收到安徒生的信後，很欣賞他的才華和奮鬥的精神，於是熱情接待了他，並把自己發表的一篇短篇小說的稿費（有一百多塊錢）都給了安徒生。

　　在得知安徒生現在的境況後，作曲家韋斯和另外的一些好心人也都資助了他。就連西波尼家的兩個女僕都對安徒生表示了同情，並表示會按季從她們的工資中拿出幾塊錢幫助他。雖然她們只付了一季，但安徒生依然對她們充滿了感激。

　　在幫助安徒生的人當中，還有一位當時著名的作曲家庫勞先生。庫勞也是一個出身貧苦的人，據說小時候在一個冬天的晚上幫人去買啤酒時摔了一跤，酒瓶被打破了，一隻眼睛也因此而受傷失明。因此，他深知一個窮孩子生活的不易，非常同情安徒生的遭遇。

　　安徒生用大家資助的這筆錢找了一間私人的出租房間住下，那是哥本哈根最破爛的街道上一家寡婦的住宅。不過，這個寡婦可不是個善良的人，她很刻薄，每月要收安徒生十六元，還說這是全市最便宜的。其實，那不過是一間沒任何東西的儲藏室，甚至連窗戶都沒有，不見陽光。女房東利用安徒生的天真善良，大敲他的竹槓。而且她還要安徒生每月預交房租，把他的錢全都弄到自己的手中。

　　當安徒生來到古爾貝家中後，古爾貝正埋身於書堆中，嘴裡銜著一支大煙斗。

　　「嗨，孩子，你好。你的信中還有不少錯別字呢，這樣不好，看來我應該給你當當免費的語言教師了。不過，看得出來你的德文還是下了一番工夫的。」

醜小鴨也會變天鵝
譜寫瑰麗幻想的安徒生

　　古爾貝的表現比安徒生想像的要熱情。接著，他又對安徒生說：

　　「對於你目前的情況，讓我來給你想想辦法。不過，現在你的野心不能太大，我最多也只能讓你在哥本哈根讀一點書。」

　　聽了古爾貝的話，安徒生已經非常高興了。後來，他就每天到古爾貝先生家免費學習拉丁文。

　　不幸與幸運連續不斷出現在安徒生面前。在哥本哈根的生活，已經讓安徒生增加了不少為人處世的經驗。

　　這時，舞蹈家達倫也向安徒生伸出了援助之手，安排安徒生到舞蹈學校去學習。在達倫先生的幫助下，安徒生可以經常與舞蹈學校的學生在一起，到演出舞台的後台看演出。有時甚至能坐在專供配角演員休息的椅子上。這讓天性喜歡戲劇的安徒生能夠得以有機會進入戲院近距離觀看演出，偶爾還可以跑跑龍套。這對安徒生來說，已經如同踏入了他朝思暮想的劇院一樣，雖然他還不曾真正踏上舞台。

第七章 坎坷的經歷

（二）

安徒生對戲劇的痴迷終於有了回報。有一次，達倫先生與沙爾夫人要一起出演一場芭蕾舞《亞米達》。在這場戲中，安徒生被安排扮演一個小精靈的角色。當那份印有「漢斯 · 克利斯蒂安 · 安徒生」名字的戲目單送到安徒生手中時，他高興得幾乎跳起來。

那天晚上，安徒生上床後，將那份印有他名字的戲目單放在燈光下翻來覆去細看，一遍又一遍讀著自己的名字。

難道，這不是他通往夢想的第一步嗎？不過，房東老太太此時最感興趣的，並不是安徒生在戲劇中會扮演什麼角色，或者他會因此而獲得什麼榮譽，而是演這個角色能夠掙到多少錢。

演出前的最後準備開始了，安徒生十分興奮。他領了一套最破舊的緊身衣，在後台焦急等待著出場時刻的到來。舞蹈學校的一群小女孩扮演主角的女伴。她們看到安徒生的這身打扮後，在背後竊竊私語，滿臉都是不屑的表情。

「漢斯，你大概是演第八個精靈，也就是最末一個特羅利吧？」一個小舞蹈演員故意問安徒生。

「誰說的，」安徒生容光煥發，「我是演第七個，你難道沒有看過節目單嗎？！」

「漢斯，你的緊身衣背上裂了一個口子。」一個女演員故意嚇唬他。

安徒生下意識向身後瞧了一眼，另一個女演員就用大頭針在他另一側的腰上戳了一下。

安徒生回過頭來，狠狠瞪了她一眼。這時，又有一個小演員在背

醜小鴨也會變天鵝
譜寫瑰麗幻想的安徒生

後踩了他一腳。

　　現在安徒生明白了，她們這些人做惡作劇，是想故意讓他難堪。不過只要讓他做演員演戲，這點兒委屈他是不在乎的。

　　這時，即將開演的消息傳來了，大家又認真檢查了一遍自己的裝束。

　　這場演出大獲成功。當大幕徐徐落下時，全場都是經久不息的掌聲，安徒生更是激動得熱淚盈眶。他知道，在這熱烈的掌聲當中，也有一小小部分是屬於他的。

　　在出演了《亞米達》中的小角色後，安徒生又有機會在劇院的牧童合唱團隊或士兵合唱隊中扮演某個小角色。這要比演一句台詞都沒有的小精靈一類的角色強多了。這也令安徒生更加偏愛戲劇了，以至於耽誤了許多學習拉丁文的時間。

　　這讓古爾貝先生很生氣，他本來希望安徒生能學好拉丁文，然後尋找機會送他到大學去讀書深造，將來成為上流社會中的一員。可是眼下安徒生卻無法專心學習拉丁文。就算是要去戲院演出，至少也應做到學習與演出兩不誤。但現在，安徒生的表現讓古爾貝先生很失望，因為安徒生幾乎已經放棄了學習拉丁文。

　　安徒生再次來到古爾貝家中時，古爾貝先生明確告訴安徒生：

　　「要麼專心學習拉丁文，要麼就去專門學習演出，必須在兩者中做出選擇。」

　　這讓安徒生很痛苦。他實在不想放棄得之不易的演出機會。而且安徒生發現，自己的嗓音最近也有所好轉了，他又參加了歌唱訓練班的考試，並且及格了。於是，他又從舞蹈班轉到歌唱訓練班去了。這

樣一來，劇院居然成了安徒生每天活動的中心了。

有一天，當安徒生在後台複習拉丁文時，劇團團長走了過來，對他說：

「漢斯，如果你想當一個演員，學習拉丁文對你沒什麼用處。」

這樣一來，安徒生就對學習拉丁文就更加沒興趣了。

古爾貝先生得知後，氣得嘴唇直哆嗦：

「漢斯，你的想法是不對的！拉丁文是拉丁文，演戲是演戲。你怎麼能相信學習拉丁文會對演戲有壞處呢？」

不過，安徒生最終還是放棄了拉丁文，不再到古爾貝先生家中去了。

後來，安徒生在自己的傳記中，寫下了這樣一段感受：

「即使一個被宣判死刑的囚犯，也不能體會我當時的痛苦。……拉丁文學不成了，這時，我才深刻感到，沒有別人的好意幫助，我是一無所成的！……現在想來，我那時的做法是錯的。每每想到將來，我都會感覺自己還缺少必要的知識。我一面悲痛著，一面也在認真思考著一切。」

醜小鴨也會變天鵝
譜寫瑰麗幻想的安徒生

（三）

　　一轉眼，安徒生已經在哥本哈根生活兩年了，別人捐助他的錢也幾乎都用光了。這時，他不好意思再尋找資助，但也不想被別人知道他的困境。於是，他搬到一位已故船長的遺孀家中去住。

　　找到住處後，還要解決吃飯問題。白天，安徒生一整天就吃一塊麵包，而且還是偷偷坐在皇家花園裡的長凳上吃，免得被房東看到後嘲笑。偶爾幾次，他也鼓起勇氣去一次附近最便宜的餐館，在那兒買點最便宜的菜吃。

　　元旦那天，劇院關門休息了，演員們也都放假了，只有一個看門人在那裡。安徒生站在劇院的大門口，默默祈禱新的一年他能在這裡繼續演出，並擔任新的角色。

　　一八二一年五月，安徒生拜訪了皇家劇院的歌唱教師克拉森先生，希望能透過這種方式找到一條通往舞台的新路。在克拉森的幫助下，安徒生轉入皇家劇院附屬音樂學校學習。

　　不過，在音樂學校的日子也不好過，這裡的同學經常欺負他。在排練時，他們總是粗暴擠他、絆他、撞他。他想不通，這些人為什麼要這樣對待他？是因為他唱歌比他們好嗎？還是因為他是新來的好欺負呢？或者兩方面的原因都有呢？

　　後來，在一八二二年，安徒生被皇家劇院附屬音樂學校辭退了。

　　又到了一個重要的關頭。他該從哪兒再次努力呢？安徒生苦苦思索著。

　　在《亞米達》演出後不久，安徒生就結識了哥本哈根大學的圖書館管理員。他叫紐洛普，也是奧登塞人。了解到安徒生情況後，他十

分同情安徒生，破例允許安徒生自由從圖書館帶書回家閱讀。這樣，安徒生又有機會接觸莎士比亞的作品，以及丹麥許多當代文學史方面的著作。

在丹麥當代的作家中，安徒生最崇拜的就是艾倫什拉傑爾。二十年前，他還是個一點都不出眾的年輕人，認識他的人都說他輕浮狂躁。但他卻懷著復興衰落的丹麥文學的雄心壯志，在文學領域走出了一條屬於自己的道路，因而也被譽為「丹麥文學的太陽」。

艾倫什拉傑爾的奮鬥經歷讓安徒生深受鼓舞。在安徒生以後的創作中，很多地方都受這位作家的影響。哪怕是在他最為著名的童話作品中，很大一部分也都帶有濃厚的悲劇色彩。

在艾倫什拉傑爾的作品中，安徒生最喜歡的是他的童話劇《阿拉丁和神燈》。當他讀到這部童話時，他的感受異常深刻。

在童話中，狡猾的巫師努勒丁施展了全部陰謀，霸占了有那盞神燈。但是，這盞神燈最終還是被心地善良、富於幻想、朝氣蓬勃的阿拉丁掌握了。

這部童話劇寫於一八○五年，也正是安徒生出生的那一年。這是不是一種巧合呢？還是意味著這一年會誕生一個新的阿拉丁？不論如何，安徒生覺得，自己這幾年也正像阿拉丁那樣，在進行著艱苦的尋求。但是，自己究竟會尋求到一盞什麼樣的神燈呢？

醜小鴨也會變天鵝
譜寫瑰麗幻想的安徒生

（四）

　　由於受到艾倫什拉傑爾及其作品的影響，安徒生開始練習寫作。他準備改行，做一個像艾倫什拉傑爾一樣的詩人。

　　安徒生對艾倫什拉傑爾的崇拜簡直到了迷戀的程度，他新近結交的朋友，也幾乎都是這位著名詩人圈中的人物。他與艾倫什拉傑爾的追隨者、詩人英格曼的關係尤其密切。

　　由於莎士比亞的悲劇和艾倫什拉傑爾的悲劇都是以詩的形式寫的，安徒生也決定嘗試寫悲劇。

　　安徒生用了一個月的時間，寫了一出名叫《林中禮拜堂》的悲劇。他興奮的拿著它去見詩人拉貝克，並朗誦給他們聽。拉貝克倒是沒說什麼，拉貝克夫人聽了一會兒，就打斷了他的朗誦：

　　「天哪，漢斯，你怎麼能這樣成段成段抄襲艾倫什拉傑爾和英格曼的作品呢？」

　　「是呀，這有什麼關係呢？這些段落寫得太棒了！」

　　安徒生小時候就喜歡讀民間故事和民謠，而民間的創作也是人人都能利用的，所以他認為這樣做沒什麼不對。但拉貝克夫人告訴他，抄襲其他作家的作品是不允許的，應該自己來創造。

　　一天，當安徒生去見一位公爵夫人時，拉貝克夫人拿出一束玫瑰花，對安徒生說：

　　「你把這束玫瑰花捎給公爵夫人好嗎？如果她看到是一位詩人為她捎去的，她一定會很高興。」

　　安徒生第一次聽到別人稱自己為詩人，儘管可能拉貝克夫人出於一種尊敬才這樣稱呼，但安徒生心裡還是美滋滋的。「詩人！」這是

第七章 坎坷的經歷

多麼美好的稱呼啊！這種美好的感覺，讓安徒生熱淚盈眶。後來，他一生都銘記著這個非常的時刻。

隨後，安徒生又用兩個星期的時間寫出了一齣悲劇，題為《維森堡大盜》。他相信，這部悲劇一定能在皇家劇院上演。上演前，他不希望任何人知道這件事，包括曾教他拉丁文的古爾貝先生。但有一個人例外，那就是他在教堂行堅信禮期間，在奧登塞遇見的丁娜爾・羅恩小姐。她是那時唯一一個對他表示關懷和友好的人。現在，她也生活在哥本哈根。安徒生想在把劇本交給劇院之前，先聽聽她對劇本的意見。

當安徒生從丁娜爾小姐家中出來時，他高興得幾乎笑出聲來。因為丁娜爾專門出錢請人把安徒生寫得難以辨認的稿件認真謄寫了一遍，還修正了許多語言上的毛病，然後又將劇本寄到劇院經理手中。

安徒生回到住所後，就開始焦急等待劇院經理的消息。他相信，自己的劇本一定可以打動劇院經理，他們會對他發自內心讚賞。到那時，就連古爾貝先生都沒話說了。

經過六個星期的煎熬後，安徒生終於收到了從劇院寄回的郵包，不但原稿被退回，還附帶了一封信，稱「這是一部膚淺的作品」，甚至還說作者「缺少教養」，因此拒絕採用。

這簡直太出乎安徒生的意料了，安徒生也因此而痛苦到了極點。

然而禍不單行。就在收到退稿信的第二天，安徒生又接到了劇院導演的通知，告訴他，他被舞蹈學校開除了。

音樂學校和舞蹈學校的大門這下全都向他關閉了。

走投無路的安徒生，這一次是完全絕望了。生活的貧苦不可怕，

醜小鴨也會變天鵝
譜寫瑰麗幻想的安徒生

可怕的是精神被徹底打垮。

這時，安徒生再次想到了古爾貝教授，他也開始為自己的行為感到深深的後悔。安徒生來到古爾貝教授家中，本來是想向教授道歉，發誓從此以後好好跟隨他學習拉丁文。可是，古爾貝教授卻拒絕了他，說他輕率無知，甚至說他簡直是個忘恩負義的偽君子。然後又告訴他，自己不會再收留，也不會再教授他語言了。

希望越大，失望也越大，安徒生已經深深傷害了教授，他再也不能回到古爾貝家中了。但他不怨恨教授，只恨自己不爭氣，讓教授失望。

安徒生很清楚，失去了古爾貝教授的支持，也就同時失去一些其他有地位名望的人士的支持，這以後在哥本哈根該怎麼辦呢？

越想越覺得絕望，安徒生再次想到了死。

第八章 命運的轉折

只要你是天鵝蛋，就是生在養雞場裡也沒有什麼關係。

——安徒生

醜小鴨也會變天鵝
譜寫瑰麗幻想的安徒生

（一）

　　就在安徒生感到絕望的時候，他想到了自己的父母。父親不屈服於命運的抗爭與母親送他遠行時的情景，都讓他感到，倘若就這樣向命運屈服，無異於承認失敗，從而失去生命的價值。為了父母的理想與期待，他決定再次站起來。何況，阿拉丁在取得神燈之前，也經歷了無數的艱難。在找到屬於自己的那盞神燈前，他是絕對不會退出的生活舞台的。別人說自己好高騖遠也好，愛出風頭也罷，都沒有必要去在意。

　　想到這裡，安徒生的心也變得明亮起來，他仿佛聽見自己渾身的血液都在身體裡歡樂流淌。

　　安徒生不再坐在那裡沮喪難過了，他站起來，活動一下腿腳，伸伸懶腰。這時他發現，外面的霧氣已經打濕了他的衣衫，他已經在河岸邊整整坐了一夜了。

　　安徒生抬起頭，看到一輪紅日已經從東方噴薄而出，新的一天又開始了。

　　這一次，安徒生決定繼續寫劇本。他準備根據一個歷史事件寫一齣悲劇，名字就叫《阿芙索爾》。

　　經過幾天的努力，《阿芙索爾》的第一幕完成了，安徒生對這部作品相當滿意。不過，因為有了過去的教訓，這一次安徒生冷靜多了。他想再聽聽一些著名作家的意見，於是就跑到莎士比亞劇本丹麥文的翻譯者彼得‧吳爾夫家中。

　　一進屋，安徒生就自薦說：

　　「彼得‧吳爾夫先生，您翻譯過莎士比亞的作品，我非常敬佩您。

第八章 命運的轉折

我寫了一個悲劇，可以讀給您聽嗎？」

吳爾夫一家正在吃早飯，他們邀請安徒生一起吃早餐。但是安徒生可吃不下，他一心關心著他的劇本：

「不，謝謝您吳爾夫先生，我急著聽您的意見。」

「你真是個急性子的人。好吧，那就請你念念吧！」

安徒生興致勃勃地朗誦起劇本來。剛一念完，他就急著問道：

「先生，您認為我會成功嗎？」

「你這才寫完第一幕呀！你什麼時候再來？我歡迎你。不會很快就全寫完吧？」

聽了吳爾夫的鼓勵，安徒生有點驚訝的說：

「我馬上就會接著寫的，兩個星期就能寫好！」

安徒生說完，就懷著激動的心情跑出了吳爾夫先生的家。

從吳爾夫家中出來後，安徒生有一種預感，自己距離成功不遠了。想到自己在哥本哈根三年的坎坷生活，安徒生真是感慨萬千呀！

忽然，安徒生冒出了一個大膽的想法：如果先將劇本出版，然後再送到劇院不是更好嗎？這真是個不錯的主意，如果能出版《維森堡大盜》和這部《阿芙索爾》，就可以先賺上一筆稿費，用以改善一下自己現在貧困的生活。

為了能夠出版這兩部作品，安徒生著實忙碌了好一陣子。他準備把它們編成一個集子。可是，叫什麼名字比較好呢？

安徒生想來想去，由於這些作品都是自己寫作的嘗試，那就叫《嘗試集》吧。安徒生對這個名字很滿意。

另外，安徒生還為自己起了一個筆名，叫威廉 · 克利斯蒂安 ·

醜小鴨也會變天鵝
譜寫瑰麗幻想的安徒生

司各脫。

隨後，他認認真真在「嘗試集」幾個字下面署上了這個筆名。在這部集子的前言中，安徒生以詩的形式講述了一個十七歲的作者充滿戲劇性的生平。

在完成劇本《阿芙索爾》後，安徒生又寫了一篇小說，名叫《帕爾納托克墓地上的幽靈》，這也是他平生所寫的第一篇小說。寫的是獵人巴列的幽靈，夜間在農舍出現的故事。

這篇故事是安徒生小時候在鄉村取牛奶時多次聽到過的。他剔除了其中迷信的成分，對一些離奇的事情作了合理的解釋。

這篇作品的出現，也表明安徒生在試筆階段並沒有完全局限於詩歌和悲劇方面，而開始有了向故事突圍的傾向。

在完成了幾部作品後，安徒生開始尋求出版商。可是，出版商們卻不願意冒風險為一個沒任何名聲的青年出版這部集子，他要求安徒生必須找到一定數量的預訂者才能付印。

安徒生跑遍全城，也沒能找到足夠的訂戶。可是，當安徒生回到書商那裡要求拿回這部手稿時，出版商卻拒絕了他的要求。就這樣，這部手稿就一直放在這個出版商這裡。

而更令安徒生意外的是，若干年以後，在沒有獲得通知的情況下，這部集子竟然原封不動出版了。

雖然這部集子當時並沒能出版，但在同年的八月，《豎琴》報發表了《維森堡大盜》的第一幕，編輯部還給了安徒生一筆小小的稿費。當時他正需要錢來維持生活，這筆意外的收入雖然很少，但卻解除了他的燃眉之急，同時也令安徒生看到了希望。從此，他的生活即將揭

開新的篇章。

醜小鴨也會變天鵝
譜寫瑰麗幻想的安徒生

（二）

安徒生將《阿芙索爾》送到了皇家劇院的經理處，此後開始焦急等待著劇院的消息。這一次，他有一種時來運轉的預感。

與此同時，劇院經理處也將安徒生的這部作品交給著名的詩人拉貝克，請他來評判它的文學價值，拉貝克是劇院經理處的藝術行家。

拉貝克將這部作品帶回家閱讀時，看到封面上寫著安徒生的名字，想起三年前這個年輕人曾求助於他，但被他拒絕了。如今又看到他的作品，他感到這個年輕人真的有一股不服輸的力量。

拉貝克在讀了第一頁後，便皺起了眉頭：文理不通，語言陳舊，讀起來也不太通暢。他甚至沒明白，安徒生究竟要寫什麼呢？看來他根本不是個文學創作的料子。

出於一種責任心，他還想繼續再往下看一點。可再讀幾頁後，拉貝克緊皺的眉頭漸漸舒展開了，到最後甚至露出了笑容：啊，人物性格竟然勾勒得十分鮮明。作為一個沒有受過教育的年輕作者，能寫得這麼好，可真是難能可貴啊！只有很有天賦的人才能做到這樣。

不過，拉貝克認為，這個劇本在皇家劇院上演的話還是不夠成熟的，因為作者的語言表達能力比較差，還沒有抓住劇本創作的基本技巧。但也由於這點，讓拉貝克感受到了安徒生的執著，並認為應該請國王發給他一筆公費，以便讓安徒生盡早接受文學教育。

可是，誰能有這麼大的面子，能請求國王發放經費呢？拉貝克想了一會兒，想到了自己的好友柯林。

柯林是國會議員，也是丹麥最著名的人物之一，同時他還是皇家劇院的導演和負責經濟方面的經理。他非常善於團結最傑出、最優秀

的人才。

其實，安徒生與柯林也不算陌生，甚至可以說是熟人，但他留給安徒生的印象並不好。在安徒生看來，柯林言語不多，表情嚴肅，對安徒生也從不給予鼓勵。這令安徒生在潛意識中就沒有把柯林當成是自己的保護人。然而，就是這位柯林先生，最終改變了安徒生的命運，以至於後來安徒生多次表示，柯林就像他的「再生父親」。

一八二二年九月十三日，這一天對安徒生來說是個非同尋常的日子。這天，他被叫到皇家劇院經理處，拉貝克先生在這裡等他。

拉貝克告訴安徒生，皇家劇院不準備上演《阿芙索爾》，因為劇本不夠成熟，韻律混亂，而且還缺乏舞台計畫。安徒生很失望。

「別難過，」拉貝克先生接著說，「我相信你一定會成為一名作家的，我把你的詳細情況講給了柯林先生。當他知道這個劇本是你這樣一個沒有受過教育的孩子寫出來時，認為你十分了不起。柯林先生一定會幫助你的，你就等好消息吧。」

這個突如其來的轉折讓安徒生感到有些不知所措，他要接受正規的教育了，這可是他夢寐以求的理想，也是他父親生前對他最大的希望，沒想到今天竟然以這種特殊的方式實現了。

從劇院出來後，安徒生仍然沉浸在歡樂與激動之中，一切都像是在做夢，恍惚得不真實，讓一直處於困境中的安徒生一點心理準備都沒有。

果然沒多久，柯林先生就接見了安徒生。

柯林先生是個嚴肅而實在的人。見到安徒生後，他沒有寒暄，就直截了當對安徒生說：

醜小鴨也會變天鵝
譜寫瑰麗幻想的安徒生

「以您現在的文化程度，怎麼能寫出供皇家劇院演出的劇本呢？！」

安徒生一聽這句冷冰冰的話，以為事情沒有指望了。但柯林先生話鋒一轉，又用平靜的語調繼續說道：

「不過，拉貝克教授說他在您的悲劇劇本中看到一些天才的火花，認為您應該接受系統的正規教育。我想問您，您願意進拉丁學校學習嗎？」

「我十分願意，那是我多年以來夢寐以求的事！」安徒生激動的說。

「這樣吧，」柯林先生還是平靜說，「我想想辦法來幫助您，我會把你的情況與國王談一談，建議他每年批給您一筆皇家公費，讓您能支付求學期間的生活費用。」

「那，那真是太感謝您了，我真的不知道該怎麼感激您！怎麼感謝您才好呢？……」聽了柯林先生的話，安徒生激動得簡直連說話都有些語無倫次。

在柯林先生的安排下，國王弗雷德里克四世召見了安徒生，並答應在若干年內每年發給安徒生一筆一定數量的教育經費。而且透過柯林的關係，拉丁學校的董事們也准許安徒生到斯拉格爾塞的學校免費接受文化教育。

安徒生高興得簡直無法形容，上拉丁學校的夢想終於要實現了。這將成為他成功道路上一個多麼重要的階段啊！過去所遭受的一切屈辱與痛苦都將成了過眼雲煙，嶄新的生活就要開始了！安徒生的內心充滿了激動，充滿了對他伸出援助之手的人們的感激之情。

　　當然，安徒生最想感謝的就是柯林先生。當安徒生向柯林先生告別，準備去讀書時，柯林先生和藹而熱情的說：

　　「你需要什麼，就不客氣的給我寫信吧。要經常告訴我你的情況，好嗎？」

　　此後，柯林先生也一直是最關心和愛護安徒生的人，並長期給他以經濟支援。安徒生後來在他的自傳中回憶這段經歷時，動情的寫道：

　　「從這時起，我在他心中生了根，我的父親和繼父都不比也不會比他對我更好；誰都不會像他這樣，為我的幸運和我後來所受到公眾的歡迎而由衷高興；誰也不曾比他更熱誠分擔我的憂慮。我可以自豪的說：他是丹麥最好的一個人，他對我的感情與他對自己的孩子的感情一樣。他給我錢，但又不在語言或表情方面使我感到難堪。在我的命運轉折的時刻，我需要感謝的每個人，並不都是這種情況。他常常告訴我要考慮意想不到的幸運和窮困。柯林的話表現出了父親一般的熱心腸。嚴格來說，我在每件事情上都應該感謝他。」

醜小鴨也會變天鵝
譜寫瑰麗幻想的安徒生

（三）

一八二二年十月二十六日，十七歲的安徒生離開了哥本哈根，來到斯拉格爾塞的教會學校，開始了他的求學生涯。

這是一所拉丁文學校，就設在斯拉格爾塞的一座小山上。從窗戶望出去，可以看到山毛櫸林旁邊的一座座風車。

安徒生進入這所學校後，所進的班級是倒數第二班，班裡的同學都比他小三四歲。因為安徒生沒有接受過正規的學校教育，所以只能被編到低年級的班級中從最基礎的知識學起。

報到完，安徒生就租下了位於學校附近的漢涅堡夫人家的一間房子，打算以後住在這裡。漢涅堡夫人是一位知識階層的寡婦。她收拾出一間小房間，給安徒生和另外一個學生租住。這間房子的旁邊是一個花園，再過去就是一片寬闊的田野。安徒生很喜歡這裡。

在這個小地方，誰家來一個陌生人都會成為一件大事，因此，鄰居們都紛紛以各種藉口來到漢涅堡夫人家。其實，他們是想瞧瞧安徒生這位皇家公費生是個什麼樣的人。

安徒生待人誠懇熱情，樂於交朋友，有時他還把自己的作品念給這些鄰居們聽，大家感到又新奇又高興。

可是，學校的主任西蒙·梅斯林卻是個脾氣古怪、喜怒無常的人，特別喜歡挖苦人，這讓安徒生感到十分苦惱。

梅斯林是個翻譯家，在古代語言方面造詣很深，而且還寫過悲劇，參加過國內的各種文學論爭。開始時安徒生覺得，這個人一定會成為自己的好導師。因為師生兩人都喜歡詩歌，都寫悲劇，一定會有不少共同語言。

第八章 命運的轉折

　　然而事與願違，梅斯林主任並不像安徒生想像得那樣容易相處。相反，他常常諷刺和責備安徒生。在班級裡，安徒生是年齡最大、個子最高的，這也成為梅斯林主任譏諷他的理由。

　　有一次，安徒生沒有回答出梅斯林主任提出的問題，他就毫不客氣諷刺安徒生說：

　　「你的個子長得這麼高，像一截長長的空樹筒子，原來肚子裡什麼也沒有呀！」

　　全班同學都大笑起來，安徒生感到極為難堪。

　　不過，主任課外對安徒生還算友善，常邀請他週末到自己家中去玩。

　　第一個星期天，安徒生就到梅斯林主任家拜訪。他還帶了自己比較滿意的悲劇《阿芙索爾》的手稿，他跟主任談起自己想當詩人的理想，並把稿子念給主任聽，本以為主任會高興的指導他。

　　誰知還沒念上兩頁，梅斯林主任就叫他停下來。

　　「夠了夠了，我明白了，你是想把公費浪費在寫作上呀！」梅斯林嚴厲訓斥安徒生說，「據我所知，你可是曾向柯林先生承諾過，會全力以赴投入到學習中，是這樣的吧？」

　　「我只是利用課餘時間……」安徒生辯解道。

　　「那也不行！你要徹底打消這個不切實際的念頭，安心學習！你們都是一些好高騖遠的人，我見得多了！我必須要對你嚴加管束，讓你對得起柯林先生的栽培才行！」

　　安徒生再也不想多解釋了。他把手稿裝進口袋中，向主任行了個禮就轉身走了。安徒生不明白，梅斯林怎麼能這樣對待他呢？！從那

醜小鴨也會變天鵝
譜寫瑰麗幻想的安徒生

時起，安徒生的心中就滋生了對梅斯林主任的畏懼與敵對的情緒。

由於基礎太差，安徒生在班級中經常遭到同學的嘲笑。但他學習勤奮，為人寬厚，對人誠實坦率，也不計較別人對他的刻薄和譏諷。更重要的是，他能講出很多有趣的故事，而且從不掩飾自己在知識上的不足，不恥下問。所以，安徒生很快就博得了同學們的喜歡與同情。

在這所學校中，儘管學習希臘語、數學、幾何、地理等課程對安徒生來說不是一件輕鬆的事情，但一分辛苦一分收穫，一年後，安徒生就以令人羨慕的成績升入了三年級。在升等考試中，除了希臘文是「良好」外，其餘各科成績都是「優秀」。

教授希臘文的老師恰好就是梅斯林主任。梅斯林認為，大聲呵斥和挖苦諷刺是最好的教育方法。因此只要發現學生學不好，他就會發怒。

他尤其喜歡衝著那些感情豐富和敏感脆弱的學生發洩怨恨。而在這些學生當中，「作家先生安徒生」是最合適的發洩對象了。

所以，希臘語課於對安徒生來說，簡直是一種極大的折磨。

一八二六年五月，梅斯林開始擔任赫爾辛格一所中學的校長。考慮到安徒生是公費讀書，梅斯林覺得或許能從安徒生的身上榨出點油水來，於是就將安徒生一道遷到赫爾辛格，並讓他住在自己家中，以便自己能夠時刻照顧輔導他，然後讓安徒生每年交付給他兩百元的生活費。

柯林教授也贊成梅斯林的「好心腸」，答應了梅斯林的請求。但事情遠沒有想像得那麼美好。

剛開始，安徒生在梅斯林家中的生活還算平穩，可到了後來，安

徒生幾乎連飯都吃不飽了。不僅因為梅斯林的債務與日俱增，更重要的是，梅斯林覺得每年兩百元供養一個漸漸長大的人，簡直是太虧本了！

這段時期，與剛到哥本哈根時過那段苦日子差不多，安徒生變得日漸消瘦。每晚做作業時，他都被餓得頭暈眼花。

不但飢餓難耐，安徒生所住的房間也冷得讓人受不了，因為梅斯林一家說木柴要節省著用。就連安徒生想到別人家裡串個門，烤烤火，喝杯熱茶梅斯林也不答應，他只允許安徒生與自己的孩子們玩。雖然說是與校長的孩子一起玩，其實就是幫助校長家帶孩子。下課以後，學校的大門一關，安徒生就不能外出了。

後來，安徒生在回顧他的這段經歷時，認為他與梅斯林在一起的日子是他「一生中最黯淡最不幸的日子。」

醜小鴨也會變天鵝
譜寫瑰麗幻想的安徒生

（四）

安徒生曾多次將自己的境遇和委屈寫信告訴柯林。開始時，柯林以為是安徒生不習慣學校生活，因此總是盡力安慰他，請安徒生理解梅斯林的教學方式。可到了後來，柯林也逐漸意識到問題的嚴重性，他親自找到梅斯林，讓他寫一份關於安徒生的情況彙報。

很快，梅斯林校長就寄了一封有關安徒生情況的信給柯林。在這封信中，梅斯林稱安徒生「富有豐富的想像力和熱情，努力學到了一些知識」，「他在各方面的才能都是高的，在某些方面甚至是出眾的⋯⋯這可以使他成為任何學校學生的典範。」

從梅斯林校長的信中，柯林一點也看不出他對安徒生有什麼不滿。相反，信中幾乎充滿了對安徒生的欣賞和讚美。但是，安徒生當時一點也不知道他在梅斯林心中的印象。

柯林在收到這封信後，馬上就寫了一封信給安徒生：

親愛的安徒生：

不要喪失了勇氣，把你的心神安定下來，鎮定、理智一些，你會發現一切都會變得好起來。校長對你滿懷好意。他的教育方式也許與別人不同，但都是為了達到一個共同的目的。

你的柯林

收到柯林先生的來信，安徒生很意外，他不知道為什麼柯林先生會這樣評價梅斯林。但是，他還是聽從柯林的話，忍受委屈與尷尬。直到學校的一位老師到哥本哈根，才向柯林如實彙報了安徒生的處境及每天所承受的精神負擔。

柯林在獲悉真實情況後，馬上通知安徒生離開梅斯林家，回到哥

本哈根。

知道要離開梅斯林家時，安徒生高興得簡直要跳起來。快要離開時，安徒生向梅斯林教授道別：

「謝謝您，您教會了我許多有用的東西，我永遠不會忘記您的。」

在說這句話的時候，安徒生是十分真誠的。然而，梅斯林卻粗暴的將手中拿著的一本書「嗖」一聲扔到牆角，並大聲嚷嚷起來：

「您這個人簡直讓我膩煩透了，不幸的蠢驢！快到地獄見鬼去吧！白痴！瘋子！無才的蹩腳詩人！」

安徒生就是帶著這樣的臨別贈言，永遠永遠離開了梅斯林校長那冷若冰霜的家。

不過，客觀來說，在這四年的正規教育中，正是因為梅斯林校長的嚴格要求，才讓安徒生學到了很多知識，這為他以後的文學創作打下了很好的基礎。

「現在，我是一隻自由飛翔的鳥兒，所有的悲哀和不幸都拋到了九霄雲外。我天生就是個富有幽默感的人，但在這以前被壓制了。如今，這種感情洶湧而出，不能遏止。我覺得，一切都是這樣充滿歡樂、生動有趣。而因為我那些過於激動的情思遐想，曾遭到梅斯林的辱罵和嘲弄，現在回想起來，都不免感到幼稚可笑。」

幾年後，當安徒生在回憶起自己跟隨梅斯林校長學習的那段日子時，說出了上面的一段話。

離開了梅斯林後，安徒生就像一隻自由的小鳥。雖然安徒生在梅斯林那裡受盡了折磨，可在這幾年的痛苦的歲月當中，他的精神世界依然豐富多彩，依然是按照他自己的軌道在前進。在這期間，他讀了

醜小鴨也會變天鵝
譜寫瑰麗幻想的安徒生

很多書籍，思想的火花也時刻迸發出來。因此，他的筆記本上記滿了各種各樣的寫作素材。

第九章 雛鳥展翅

一個人的年輕時代，是屬於詩的時代。

——安徒生

醜小鴨也會變天鵝
譜寫瑰麗幻想的安徒生

（一）

　　回到哥本哈根後，柯林先生為安徒生介紹了一位老師。這位老師就是後來的北歐語言學與歷史研究大學者錄得比克 · 米勒爾。

　　不過，那時米勒爾還是個年輕的大學生。他真誠對待安徒生，經常到安徒生寄宿的破舊閣樓去指導安徒生的學習。

　　這時，國王仍然定期給安徒生一筆費用供他使用。不過這筆錢並不能足夠保證安徒生的全部生活開支，他要想方設法節省花銷。就像當時許多窮學生一樣，每個星期要有好幾天到一些有名望的人家裡作客、吃午飯。

　　比如，在星期一和星期三，安徒生要到吳爾夫家；星期四在柯林家；星期五在奧斯特家；星期六到奧里家。只有星期二才自己做午飯吃，而且這一天的早飯和晚飯，他都吃得很簡單。

　　這些著名人物對安徒生都十分熱情，他們經常暢談自己的所見所聞，有時也聽安徒生講故事，氣氛很融洽。吳爾夫的女兒艾達最喜歡聽他講故事。他每次去吳爾夫家，這個小女孩都會纏著他講很多故事。

　　透過與這些家庭的交往，安徒生也學到了許多實踐經驗，他的生活也顯得特別有生氣。

　　在這期間，米勒爾依然指導安徒生的學習，主要指導他進修拉丁文和希臘文，以幫助他在最後這一年準備大學考試。當然，這也是由柯林敲定的。

　　米勒爾聰明好學而且和藹可親，他們之間相處得很好。有時，兩人也會將課業扔在一邊，彼此朗誦詩歌，或一起討論問題。米勒爾是個虔誠的基督徒，相信《聖經》上所說的每一句話；但安徒生卻是以

批判看待《聖經》。因而在《聖經》的教義上，兩人時常會發生爭論。但米勒爾並不發火，他總是能心平氣和與安徒生辯論，所以他們一直都互相尊敬彼此，友好相處。

在這期間，安徒生還寫了幾首詩，其中《鬼魂》和《母親》兩首詩均是後來被人發現，收入到他的作品集中的。在赫爾辛格上學期間，他只寫了兩首詩，分別是《除夕》和《垂死的孩子》，這也是他最先發表的。尤其是《垂死的孩子》在作家海伯格主辦的報紙《飛郵報》上發表後，安徒生開始受到文學界和評論界的注意。

米勒爾當時住在克利斯蒂安港。這個港位於阿瑪格島的南端，與哥本哈根之間隔著一個狹長的海峽。

阿瑪格島十分美麗、幽靜，是個花園、菜園和果園相互環抱的小島，安徒生每天要兩次步行到米勒爾的住處。

每次在去米勒爾家中的路上，安徒生都是滿腦子功課；而回來時，就可以心安理得思考他的詩歌了。

一路之上，安徒生會有許多奇思遐想，許多新鮮事物都交織在一起，在他的腦海中不斷湧現。這些東西日積月累，越積越多。要將這麼多的思想和感受窒息在大腦中，這是一件多麼痛苦的事啊。

有時候，安徒生也會偷偷抽空寫一兩頁，但最主要的內容還要保存在記憶當中。他發誓完成考試後，一定要把這些奇思妙想寫出來。

醜小鴨也會變天鵝
譜寫瑰麗幻想的安徒生

（二）

在即將進行大學考試時，安徒生十分緊張，擔心自己考不上大學，令柯林和其他給予自己幫助的人失望。尤其拉丁文一直都是他學習中的弱點。不過，真正考試時，拉丁文考卷還不算太難，他讓自己努力鎮靜下來，最終順利完成考試。

除了拉丁文，其他科目考得都不錯。最後一門是數學，也是安徒生的強項，考得都比較理想。

一八二八年十月二十三日，安徒生接到一份漂亮的大學錄取通知書。他考試合格，已被哥本哈根大學錄取。

這是安徒生有生以來感到最幸福的一天，多年來的夢想終於實現了。他興奮極了，一遍又一遍反覆讀著這張珍貴的紙頭上的每一句話。隨後，他立即跑到柯林先生那裡，向他報告了這一大好消息。這也充分說明，柯林的心血、時間和錢財都沒有白花。柯林先生一家衷心祝賀安徒生。同時，吳爾夫、奧斯特等給予過他幫助的朋友也都熱情祝賀他。

第二天，安徒生沿著每天走過的道路到米勒爾老師家去。這時，他已經沒有了功課的顧慮，昨日的興奮心情也已逐漸冷靜下來。當然，他還是要把這個好消息告訴米勒爾老師，讓米勒爾也高興一番的。

除此之外，現在最重要的事就是整理一下自己這段時間的感受，寫一些作品出來。

這一年，大約有兩百多名男青年考取了大學，其中有幾個寫詩甚至發表過詩作的人。有人開玩笑說，那年有四位大詩人和十二位小詩人成為大學生。其中的四位大詩人分別是在皇家劇院上演過歌舞劇《人

民劇院的陰謀》的阿爾南森、出版了《給上流社會的讀物》的 F.J. 漢森、霍勒德 · 尼爾森和 H.C. 安徒生。

大學生活一開始，縈繞在安徒生腦中的念頭就像一群飛在空中的蜜蜂一樣，不斷從他的大腦中飛奔出來。

現在，安徒生可以專心寫詩了。不久，他就寫成了一本詩集，名字為《徒步旅行記》。

這是一首幽默詩，同時也是一首富於幻想的浪漫主義作品，卻也充分顯示了那時候安徒生的個性，嘲弄一切和流著眼淚拿自己的感情開玩笑的傾向。

安徒生很喜歡這首詩。雖然這是一本非同凡響的詩集，但像安徒生這樣的無名新詩人，誰會願意拿錢替他出版呢？

安徒生下了決心，於一八二九年一月自己籌錢出版了這本詩集。

令人出乎意料的是，詩集出版後，在短短幾天內就被賣光了！出版商大為驚喜，立刻找到安徒生，表示願意買下這本詩集的版權。

很快，這本詩集就被加印了三四版，就連鄰國的瑞典也翻譯出版了這本詩集。

海伯格給予本詩集高度的評論，稱讚「不要用普通的眼光來讀這本書，請將它當做一個即席演奏的狂想曲來欣賞吧！」同時他還指出，安徒生這位青年作者簡直有著非凡的才華。

《徒步旅行記》一書的出版，給安徒生帶來了渴望已久的成就，不但解決了他生活上的一些困難，而且增強了他創作的信心。這一次，安徒生成了名符其實的「詩人大學生」。

很快，整個哥本哈根都在議論這本書，而且幾乎都是一片讚譽聲。

醜小鴨也會變天鵝
譜寫瑰麗幻想的安徒生

「文壇新星安徒生」的名字也隨之傳開了，這讓安徒生始料未及。

(三)

《徒步旅行記》的意外成功令安徒生在大學裡很受尊敬。於是，安徒生乘勝追擊，又寫了一部輕歌舞劇《尼克萊塔之戀》。

從居住的頂樓上，安徒生可以凝望到窗外遠處高高聳立的尼古拉斯塔，而且每天都能看到一個守塔人向上攀登的身影。由此，安徒生展開幻想。

這部歌舞劇語言有趣、情節生動，描寫了守塔老人的女兒愛琳娜不顧父親的反對，愛上了一個貧窮的青年裁縫。於是，父女之間發生了一系列的矛盾，最後則是大團圓的結局。

這一次，皇家劇院的大門終於向安徒生敞開了。

一八二九年四月五日晚，這齣輕歌舞劇在皇家大劇院首演。宣傳海報早就貼出去了，作者安徒生的名字也寫在海報上。

柯林先生和他的兩個兒子都來到劇場看安徒生的這部喜劇，但柯林夫人因為眼睛不好，只能留在家中。演過許多著名悲劇的皇家劇院舞台，今天卻要上演安徒生的輕鬆喜劇，效果將會如何？這令柯林先生有些擔憂。

柯林夫人在家中也一直在為安徒生擔心，今晚的演出究竟會是怎樣的結果呢？

其實這次演出能否獲得成功，安徒生也是一點把握都沒有，過去太多次的失敗，已經讓安徒生的心理蒙上了陰影。

然而，結果卻完全出乎他的意料，演出大獲成功。當帷幕落下時，觀眾們報以熱烈的掌聲，並齊呼：

「萬歲——」

醜小鴨也會變天鵝
譜寫瑰麗幻想的安徒生

「安徒生萬歲——」

安徒生再也控制不住自己激動的情緒，他從劇院跑到大街上，又跑到了柯林先生家中。

看到柯林夫人，安徒生只叫了一聲「夫人」，隨即便癱在椅子上哭了起來。

柯林夫人以為演出失敗了，不知道安徒生是因為興奮才哭泣。她摸索著走到安徒生跟前，關切撫摸著他的頭。

「別難過，漢斯！」柯林夫人十分親切，安慰他說，「大概是觀眾還不習慣這種輕喜劇，演出失敗了也不要緊！很多著名的大人物都曾遭受過無數的失敗……」

安徒生突然轉哭為笑，激動跳了起來，語無倫次：

「夫人，您在說什麼呀？演出沒有失敗！觀眾們都為我鼓掌！我太興奮了！太幸福了！」

說著，他在書齋中踱來踱去，還失聲笑起來。

「我們的觀眾是世界上最好的觀眾，」安徒生說，「還有我們的同學，他們那麼熱烈喝彩，還高呼『安徒生萬歲！』我太激動了！」

安徒生已經激動得說話上氣不接下氣了。

看到安徒生興奮和激動的神情，柯林夫人也為安徒生感到高興。但凡是了解安徒生的人，都會為他的成功而感到激動和驕傲的。這個曾從奧登塞小鎮來的貧窮少年，已經在哥本哈根整整奮鬥了十年！這十年，他是如何度過的？從幾次想在劇院做個小雇員而遭到無情拒絕，到如今自己創作的劇作在同一家劇院演出而大獲成功，這是多麼大的差別呀！這其中所經受的痛苦和折磨，也只有安徒生自己才能夠真實

理解和感受到。

有了《徒步旅行記》和《尼克萊塔之戀》的收入，安徒生也有生以來第一次能夠自己養活自己了。而這對他來說，簡直就是一場及時雨，因為考上大學後，以前享受的皇家公費資助也隨之結束了。如今，安徒生不但實現了自己長久以來為之奮鬥的理想，還開始自立，這對他此後的人生道路及事業發展是多麼重要啊！

緊接著，安徒生又出版了他的第一部詩集，其中附有一篇童話，名字叫做《幽靈》。這也是他第一次嘗試創作童話，雖然當時並沒有引起人們的注意，這篇作品卻顯露了安徒生在童話創作方面的天賦。

後來，安徒生發表的童話《旅伴》，就是根據這篇最早的童話《幽靈》改寫的。

儘管演出的成功讓安徒生體會到了成功的喜悅和興奮，他的學習還是非常用功的。一八二九年九月，安徒生在古典語和哲學考試中都得了第一名。

溫暖和煦的陽光，仿佛一下子都照耀在安徒生的身上，讓他每天都沉浸在幸福當中。此時的詩歌新秀漢斯‧克利斯蒂安‧安徒生，已經在丹麥文壇上享有盛譽了。

好運似乎不願意離開安徒生一樣，安徒生不僅在文學創作上獲得了初步成功，還順利通過了兩次大學考試，使他有機會去攻取哲學副博士的學位。此後，他就可以中止學習，結束大學生活，或者選擇繼續深造。

在決定自己未來發展方向的重要關頭，安徒生非常誠摯徵求柯林先生的意見。

醜小鴨也會變天鵝
譜寫瑰麗幻想的安徒生

「孩子，按照自己所選擇的道路走下去吧！」

這就是柯林給安徒生的建議。於是，安徒生在大學畢業後，毅然決然選擇了文學創作這樣一條「充滿荊棘的路」。

一八三〇年夏，安徒生想要創作一部大型的歷史題材作品。為了積累素材，他不得不坐下來認真收集資料，研究十六世紀丹麥人的風俗習慣、衣著服飾、宗教信仰、語言特點等。

經過一番資料的準備和整理，安徒生感覺依然無法動筆。

最後，安徒生終於明白了，只有親眼目睹故事發生的那些歷史地點後，寫作才可能進行下去。

於是，在柯林先生的支持和幫助下，安徒生離開哥本哈根，開始外出旅行。

第十章 戀愛與旅行

　　只有在想像中，愛情才能永世不滅，才能環繞著絢爛奪目的詩的光輪。我幻想中的愛情比現實中所體驗的要美得多。

——安徒生

醜小鴨也會變天鵝
譜寫瑰麗幻想的安徒生

(一)

安徒生首先遊歷了白德蘭半島，隨後準備回到久別的非英島。在途徑福堡時，他順路拜訪了自己的大學同學沃伊特，並結識了他的妹妹莉波爾。

那天，安徒生來到沃伊特家時，莉波爾穿著白色的連衣裙出來迎接他。

莉波爾有著一雙黑色迷人的大眼睛，頭髮結成兩條黑辮子，十分漂亮。她手中拿著一朵紅色的玫瑰花，一看到安徒生，臉上立刻就泛起了一陣紅暈，無意中把那朵玫瑰花掉在了地上。

安徒生急忙彎腰把玫瑰花拾起來，交到莉波爾手中。莉波爾望著他，感激的嫣然一笑，就像被一股電流碰到似的，令安徒生的心為之一震。

莉波爾對安徒生也充滿了好奇和好感。她用非常友好而又驚訝興奮的語調問安徒生：

「您真的就是那位很有名氣的詩人安徒生嗎？」

在得到安徒生的點頭證實後，莉波爾的臉上又一次飛起了兩朵紅暈。

這一切都被敏感的安徒生看在眼裡。他對莉波爾立刻就有了一種特殊的好感。

「不久前我重讀了您的《徒步旅行》，非常喜歡，書中描寫的那位少女好美麗呀！」莉波爾充滿敬意與崇拜的說。

「可我眼前這位少女比她還美麗。」安徒生從來沒有這樣恭維過一個少女，但他現在說的卻全是真心話，他就是這樣心直口快。

第十章 戀愛與旅行

「自然，這姑娘的頭髮、眼睛、皮膚都是褐色的，兩頰緋紅，有一雙富有表情的眼睛，就像黑色的金剛石一樣光芒四射！」

安徒生的到來，給生活平靜而乏味的莉波爾帶來了欣喜和歡樂。在與安徒生相處的三天裡，莉波爾非常愉快，隨處都能聽到她銀鈴般歡快的笑聲。

愉快的日子總是過得特別快，到了要分手的時候了，莉波爾十分不捨。她從花園中採來一束鮮豔的玫瑰，送給安徒生。

安徒生接過玫瑰，深情望著眼前這個美麗迷人的姑娘，竟然有些發呆。他知道，自己已經深深地愛上了莉波爾，覺得她就像「天使一般可愛、聰明、善良。」

——這是後來安徒生所描述的莉波爾。

也就是在那一刹那，安徒生決定將莉波爾這個美麗名字作為他的長篇小說的主角。

這一年的秋天，安徒生完成了他的旅行，回到哥本哈根。這時，碰巧沃伊特也來哥本哈根，順便又回訪了安徒生。

在與安徒生的談話中沃伊特發現，自己的這位大學同學居然愛上了自己的妹妹。安徒生甚至明確對沃伊特表示：

「如果沒有莉波爾，人間便再也沒有什麼幸福可言了，那我的人生還有什麼意義呢？」

這樣愛的表達讓沃伊特既擔心又難過，因為自己的妹妹莉波爾在這之前已經訂婚了，而且很快就要結婚了，她不可能嫁給安徒生。他很後悔當時沒有阻止妹妹向安徒生表達自己的情感，也沒想到事情會發展得這麼快。

醜小鴨也會變天鵝
譜寫瑰麗幻想的安徒生

　　但是，此時他還不能把事情的真相告訴安徒生，他擔心敏感痴情的安徒生不能接受這個突如其來的打擊。

　　就在沃伊特不知如何向安徒生挑明真相時，莉波爾也來到了哥本哈根。她是來這裡探親的。當安徒生得知莉波爾來到哥本哈根後，馬上就迫不及待去拜訪她，並且將因思念莉波爾而寫的情詩朗誦給她聽。

　　聽著安徒生的深情朗誦，莉波爾感動得淚流滿面。同時，她的內心也充滿矛盾。她也喜歡安徒生，本來想在結束自己少女生活之前，盡情享受與安徒生的友誼，享受安徒生帶給她的快樂。可是，她沒想到安徒生對她的情感會這樣熱烈。

　　安徒生很晚才從莉波爾那裡回來，這讓等在安徒生家中的沃伊特很焦急。當他得知安徒生已經向妹妹表白愛意時，覺得自己不能再猶豫了，必須讓安徒生知道真相。

　　於是，沃伊特將妹妹已經訂婚並且馬上就要結婚的消息告訴了還沉浸在幸福之中的安徒生。安徒生頓時就傻了眼。他直直瞪著沃伊特，不停追問：

　　「這怎麼可能？你怎麼可以這樣考驗我呢？」

　　「親愛的漢斯，我沒有欺騙你，這是真的！請你面對現實吧！」

　　「如果真是這樣，那也沒關係，」安徒生焦急地說，「我願意為了莉波爾付出一切，甚至放棄我摯愛的詩歌！」

　　第二天，安徒生又找到莉波爾，他要弄明白事情的真假，要親口問問莉波爾是否願意嫁給他。可是，莉波爾已經回福堡去了。她是為了不讓安徒生傷心，才決定返回的。

（二）

　　沒有見到莉波爾的安徒生既失望又難過，他隨即便給莉波爾寫了一封長長的情書，向她傾訴了自己的愛戀之情和思念之情，表示願意將自己的心和未來都交付給她，希望莉波爾能給自己一個明確的答覆。

　　收到安徒生的情書後，莉波爾感動得熱淚盈眶。她為安徒生的痴情和愛戀感到幸福和滿足，可她又是一個規矩而守本分的女人，雖然她也很渴望得到這份愛情，但是她卻沒有勇氣去接受。

　　想到這裡，莉波爾的心中萌發了一股憐憫之情。此刻，安徒生正在焦急等待著她的答覆呢。於是，莉波爾馬上擦掉臉上的淚珠，回了一封信給安徒生。

　　在信中，莉波爾真摯感謝安徒生給予她的這份愛情，但自己卻不能嫁給他，因為她沒有權利撕毀婚約。自己唯一能夠給安徒生的，只有純潔的友情了。

　　讀到莉波爾的信後，安徒生除了難過之外，還多了一份敬佩，他越發覺得莉波爾是個善良負責的好姑娘。雖然自己很渴望能與莉波爾結婚，但他所愛的人已經訂婚了，他不能看著她為他撕毀婚約，遭受人們的譴責。

　　一想到這些，安徒生又覺得自己的行為過於魯莽了，打擾了莉波爾安靜的生活。因此，他很想馬上再寫一封信給莉波爾，向她道歉。

　　可是一攤開信紙，他的腦中出現的全都是莉波爾美麗的身影，一句話也寫不出來。他只怪上帝跟他開了個甜蜜而痛苦的玩笑。

　　最終，莉波爾嫁給了一個藥商的兒子。

　　此後，安徒生又進行了幾次戀愛，但都以失敗結束了。可以說，

醜小鴨也會變天鵝
譜寫瑰麗幻想的安徒生

初戀的失敗影響了安徒生一生的婚姻觀。直到他去世，人們還從他的口袋中發現了莉波爾給他的回信。

離開莉波爾後，安徒生消沉了一陣，他始終無法擺脫對莉波爾的思念。

在這之後，安徒生詩興大發，寫了一首題為《心賊》的詩。此後，他的詩興便再也停不下來了，一首首詩作湧到紙上，但詩中的喜劇因素愈來愈少。儘管他知道莉波爾已經與他人結婚了，卻依然很難抑止自己的情思。幾年以後，他才認識到並且承認，莉波爾嫁給了一個好人，成了賢妻良母。這個結果無論是對於她還是對於安徒生自己來說，都算是一個美滿的結果。

在備受歡迎的《徒步旅行記》和安徒生的其他大部分作品當中，諷刺因素占據著重要的地位，而且作品內容大多傾向於探索人生中壓抑人性的東西，揭示事物的陰暗面。對於這種文學基調，有人喜歡，也有很多人不滿。而且由於他所受的學校教育較晚，在學生時代就急於成為作家，語言基礎不夠牢固，所以，他的作品中也經常出現一些語法修辭類的錯誤。

可是，安徒生又不捨得花錢請人為他校訂作品，這些錯誤便原樣出現在書中。他的作品越受讀者歡迎，就越有人從中挑剔毛病。

有個牧師，專門為挑毛病而去讀安徒生的詩，並聲稱下書中出現多少次「美麗」這個詞兒，而不換用其他的同義詞，甚至誇大其詞說他的作品通篇都是錯誤。

與此同時，其他人對安徒生作品的批評和指責也鋪天蓋地出現了：

「安徒生的作品通俗而口語化的語言破壞了丹麥優雅的文學傳

統。」

「他的作品流露出很多不健康的思想傾向，令人感到壓抑！」

「諷刺太多，不是什麼真正的文學。」

「一個缺乏文化教養的人，怎麼能成為詩人呢？」

……

這些人的無情指責和惡意中傷，嚴重傷害了安徒生的感情。但從小就膽怯懦弱的安徒生，在經歷了十多年被壓抑的曲折經歷後，學會了忍受一切。於是，這些人就更加肆無忌憚，大造聲勢，並將安徒生的忍耐視為軟弱可欺，誰都想來教訓他幾句。

他們的指責給人這樣一種印象：安徒生被讚美和榮譽寵壞了，在寫作上根本沒有責任感。如果安徒生順著批評者的要求，聲稱自己一定要成為一個人們公認的、光榮的詩人，這些人又說他是虛榮心在作祟。其實，他們已經把安徒生弄得更加自卑了，他又一次陷入了人生的低谷。

愛情與事業雙雙受挫，令安徒生再次走到了絕望的邊緣。愛情離他遠去了，朋友也無情拋棄了他，安徒生不得不開始懷疑自己、否定自己，甚至開始痛恨自己，並萌發了永遠離開文學殿堂的念頭，以保護他那脆弱的心靈不再受到無情的傷害。

柯林看到安徒生的狀態後，十分擔憂。他原本以為經過很多磨練的安徒生內心已經變得足夠堅強了，但現在看來還不是。但是，他仍然希望安徒生能「堅持走自己的路」，實現他的文學理想。

於是，柯林建議安徒生暫時離開哥本哈根，到國外去散散心，同時也能到外面接受一些新思想，為今後的創作尋找靈感。

醜小鴨也會變天鵝
譜寫瑰麗幻想的安徒生

安徒生覺得這個建議很不錯，於是決定再次出外旅行。

（三）

　　一八三一年春天，在柯林先生的資助下，帶著對莉波爾的思念與一種難以逃脫的複雜心情，安徒生開始了他的第一次德國之旅。

　　來到德國後，安徒生遊覽了呂北克和漢堡，看到了許多新鮮的事物，令他感到十分新奇。在遊覽布勞恩斯魏克時，他又感到世界是如此新奇的展現在他面前。這時，安徒生的心情才逐漸有了一絲愉快。

　　在德景斯頓，安徒生還結識了德國的著名作家蒂克。蒂克對安徒生的到來表示熱情的歡迎，他親自為安徒生朗誦他翻譯的莎士比亞的《亨利四世》，這讓喜愛莎士比亞作品、喜愛朗誦的安徒生受寵若驚。

　　在離別時，蒂克還親切擁抱了愛徒生，並祝他成為一名著名的詩人。安徒生感動得流下了眼淚。

　　到了柏林後，安徒生結識了德國著名作家沙米索。沙米索親自開門迎接安徒生。隨後，安徒生恭敬的將自己的作品《徒步旅行記》和在旅途中編寫的一本詩集《幻想與速寫》送給沙米索。

　　沙米索是懂丹麥文的，他很快就從兩部詩集中選譯出了幾首，介紹給德國的讀者。為此，沙米索也成為第一個將安徒生的作品翻譯、介紹給德國讀者的人。

　　同時，沙米索還在《晨報》上介紹安徒生：

　　「他秉性機智、幽默，富於幻想力和民族樸實感。安徒生還能以他的最強音喚起更大的回響。他特別善於用一種輕鬆生動的筆調，毫不費力將生命灌輸到他筆下描繪的小小畫面和風景當中，而這些畫面與風景往往都具有獨特的地方性……」

　　這次德國之行對安徒生產生了很大的影響。他在異國他鄉所得到

醜小鴨也會變天鵝
譜寫瑰麗幻想的安徒生

的讚美與鼓勵也遠遠多於他在自己的國家得到的，這讓安徒生感慨萬千。

這年入秋，安徒生裝著新鮮的印象和新結識朋友的美好祝願，精神振奮、朝氣蓬勃回到了哥本哈根。

然而回到丹麥後，他依然受到各種各樣的攻擊。不過此時的安徒生已經不在乎這些流言蜚語了，他要繼續戰鬥下去，將這次旅行的經歷寫成一本書，題目就叫為《旅行剪影》。同時，他還要整理一下因思念莉波爾而寫成的旅行隨筆式詩集《幻想與速寫》，準備將兩部作品出版。

與《徒步旅行記》相比，《旅行剪影》將出色的幽默與抒情幻想結合起來，將幻想凝聚在現實生活的基礎上，將旅途中遇到的人物與事件進行了生動的描繪。

安徒生後來在談到是什麼東西引發他創作童話時，曾提到過《旅行剪影》這本書。在這本書中，有著童話與日常生活相互結合的萌芽。

然而，《旅行剪影》與《幻想與速寫》的出版並沒有給安徒生帶來什麼好運氣，指責和批評依然如影隨形：

「安徒生去了德國一趟，回來寫的還是一些亂七八糟的東西。」

「他只會不切實際的幻想，寫不出什麼好東西了！」

「他太浮躁，這兩年他出了四本詩集，但內容都太不嚴肅了。」

……

經過上一次的磨練，此時的安徒生已經學會了保護自己的最好方法，那就是選擇沉默。

在這時，最早給予安徒生幫助的著名作曲家韋斯又向他伸出了援

124

助之手。他對安徒生說，在安徒生很小的時候，他第一次在西波尼家中看到他時，就相信他將來一定能在某一方面有所成就，事實上他沒有看錯。

接著，韋斯又告訴安徒生，他打算將一本名叫《肯尼爾華恩》的書改寫成歌劇，希望安徒生能與他一起完成，擔任劇本的文字改編。

這個消息真是令安徒生意外，丹麥數一數二的作曲家，竟然親自請安徒生出來擔任編劇。

安徒生懷著感激的心情，愉快答應了韋斯的請求。

正當安徒生準備動手改編劇本時，有人又開始說他的壞話了：

「安徒生就是急於出名，居然打算把那麼有名的小說改成劇本，這簡直就是想借別人的聲譽來撐面子！」

「他會把這部美好的作品糟蹋的，等著看吧！」

聽了這些話，安徒生比自己的詩作受到人惡意批評更加難過。

不過，《肯尼爾華恩》還是順利搬上了舞台，只是沒有出版，而對安徒生的惡意批評也沒有停止。就連安徒生在一八三二年出版的《詩人簡介》和詩集《一年的十二個月》都遭受到了批評。

總之，回到哥本哈根後的安徒生處境日益糟糕，天性敏感脆弱的安徒生也受到了極大的傷害。他既缺乏一個權威人士的保護，又不想放棄自己的文學理想，拒絕加入任何一個文學團體，因而也更容易成為人們抨擊的對象。

這樣艱難痛苦的生活，令安徒生更加懷念自己在國外的那段快樂時光。

醜小鴨也會變天鵝
譜寫瑰麗幻想的安徒生

第十一章 再次遠遊

旅行對我來說，是恢復青春活力的源泉。

——安徒生

醜小鴨也會變天鵝
譜寫瑰麗幻想的安徒生

（一）

　　柯林一如既往對安徒生給予幫助，讓他在這個家庭中享受作為親屬的各種權利。這也令安徒生對柯林先生充滿了敬意，稱他為「第二個父親」。

　　事實上，柯林先生對安徒生身上的種種弱點可謂瞭若指掌，因而對他的改造也是竭盡全力。柯林一家在當時屬於上層社會，因而他們也希望安徒生能得到「脫胎換骨」的改造，從思想、習慣、趣味甚至言談舉止上，都能夠達到上流社會的要求。柯林對安徒生的改造可以說是不露痕跡的，是在潛移默化中默默進行。

　　然而，柯林先生多年的努力都是徒然的。安徒生即使到死，也沒有脫離自己不切實際幻想，他熱衷於各種突如其來的事件，喜歡隨處走，不斷變換環境；他極端恢宏大度，胸襟開闊，卻又容易小肚雞腸，耿耿於懷。這兩種性格始終伴隨安徒生，直至他去世。

　　最終，柯林一家對安徒生非常失望。而對於安徒生來說，要麼與柯林一家融為一體，要麼從這個家庭當中分離出去，沒有第三條路可走。

　　不過，安徒生在柯林家中所遭受的感情上的創傷，卻是他最為終生難忘的。

　　在柯林家中，有一個人走進了安徒生的生活，讓他重新燃起了愛情之火。這個人就是柯林先生的女兒路易莎 · 柯林。

　　這個溫柔謙和的女孩從不因為安徒生出身貧窮而瞧不起他，對安徒生十分友好，經常耐心聽安徒生朗誦詩歌而不去打擾他。這令安徒生非常感動，常常會有一種找到知己的感覺。

　　然而，柯林一家人沒有一個成員認為路易莎可以與安徒生結合，因為安徒生缺乏莊重、沉穩的性格，也缺乏明確的社會地位，更沒有無可爭議的錦繡前程。這顯然與柯林一家的社會地位及影響是格格不入的。

　　因此，為了打消安徒生的痴心妄想，柯林一家決定馬上為路易莎訂婚。

　　一八三三年一月，路易莎的訂婚典禮舉行了，她的未婚夫名叫林德。這一次，柯林一家一反慣例，沒有通知安徒生這個重要的家庭成員來參加路易莎的訂婚典禮。當時，安徒生很快就知道了。他明白了，這個家庭他再也待不下去了。

　　安徒生又一次深深受到了傷害。

找不到我白色的姑娘，

即使是走遍天涯！

我知道，我愛她，

但早已凋謝了，愛情之花！

她已經死了

依舊是潔白一片……

多麼不幸！——可是如今，

永不凋謝了，我那愛情之花！

　　……好了，到了該走的時候了。安徒生曾經那麼渴望愛情，然而「心靈的日記中有一些章節，只有念給上帝聽。」

　　安徒生經過一番思考，又想到了在國外的快樂時光。安徒生覺得，眼下最好也是唯一的辦法，就是遠走他鄉，將無盡的煩惱與無聊的論

醜小鴨也會變天鵝
譜寫瑰麗幻想的安徒生

戰通通拋到九霄雲外。

一八三三年四月二十日，安徒生站在輪船的甲板上，向前來送行的朋友們告別。他向丹麥國王申請了一筆出國旅行的津貼。就這樣，他離開了各種煩惱，離開了使他肝腸欲斷又無法向人傾訴的無言的愛情，再次出國旅行去了。

也是從這一次開始，安徒生感到，旅行將成為他最好的學校。他先是到了德國，欣賞了萊茵河的風光。然後又到了法國，塞納河畔的迷人景色讓他流連忘返。

在法國巴黎的一個「歐洲文學俱樂部」中，安徒生還見到了德國詩人海涅，這也為他的這次旅行增添了不少光彩。

剛剛見到海涅時，安徒生緊張得簡直說不出話。海涅熱情的說：

「你是丹麥人，我是德意志人，丹麥和德意志是兄弟之邦。好，就讓我們緊緊握一次手吧。」

說著，擁有世界詩王頭銜的詩人海涅熱烈的與安徒生握手。

對海涅的友好，安徒生非常感動：

「我能與先生見面，真是非常榮幸。見到您後，我的這次巴黎之行也算是值得了。」

（二）

安徒生在巴黎生活了一段時間，在這裡，丹麥人都生活在一起。大家經常一起去看戲，一起吃飯。其中的一個人收到信件時，大家也都圍著一起看。

安徒生到巴黎後，也與同鄉們生活在一起。可是總是這樣下去的話，就體驗不到當地的生活。於是，安徒生離開大家，隻身來到侏羅山脈的一個小城鎮，找到了一個開鐘錶店的朋友。

朋友一家與安徒生相處得很開心，他的孩子們也經常讓安徒生講故事給他們聽。安徒生就將自己以前在父親那裡聽過的《天方夜譚》用法語講給孩子們聽。

經常用法語講故事，安徒生的法語進步得也很快。

這個小鎮環境十分幽靜，空氣也特別好。在溪谷的旁邊，有一棟白色的小房子。小房子的旁邊有一部水車，每天都在那裡咕嚕咕嚕轉動著。泉水藉由山岩的縫隙從地下不斷噴湧出來。

安徒生每天都會凝望著這些泉水。這一美麗的景象對於一向住在平原的安徒生來說，有一種想像不到的美和神祕。

安徒生內心的美感，也在這高原的小鎮上，如泉湧般活躍起來。他的作品《阿格內得和人魚》就是在這裡完成的。

不過，安徒生完成這一作品後，他的內心也變得複雜起來。他想：

「這首詩，丹麥的批評家們又將怎麼批評呢？」

這些人的批評，讓安徒生承受了巨大的心理壓力。

這篇作品取材於丹麥民謠，是一首敘事詩，作品的內容和意義也很深刻，而且描寫得很生動。

醜小鴨也會變天鵝
譜寫瑰麗幻想的安徒生

當安徒生將詩稿包好後，在包裹上寫好了收件人柯林的名字，寄往哥本哈根。

在完成這篇稿子後，安徒生便開始計畫著他的第二個旅程。

一八三三年九月五日，安徒生乘馬車穿過辛普倫山脈，向義大利進發。他們走的是當年拿破崙軍隊開闢的橫穿山脈的一條路。在接近山頂時，一條碧綠透明的冰川出現在他們的眼前。翻過山頂後，眼前出現的又是一片綠樹。在遠處深藍色的群山之間，一個個美麗的小島如同花束般漂浮在水上。這一刻，義大利的藍天與碧水已經在向安徒生招手了。

九月六日，安徒生到達義大利。看到廣袤遼闊的隆巴平原，安徒生覺得胸襟更加開闊了。在米蘭，在熱那亞，在佛羅倫斯，每個城市都有著不同的美景，安徒生看得心曠神怡。

在米蘭，安徒生還爬上人工挖空的拱門，登上高聳入雲的塔樓，欣賞著巨大的大理石雕像，眺望著遠處冰川相間的阿爾卑斯山，諦聽著米蘭大教堂播放的優美樂曲。

在熱那亞，安徒生觀賞著沿街聳立的一座座宏偉的建築，在陽光照射下白得發亮的大理石神像，以及神像後面的宏偉劇院，都令安徒生感到流連忘返。

在佛羅倫斯，他還參觀了華麗的美術館和富麗堂皇的教堂，欣賞著「梅迪奇的維納斯」雕像，以及畫家米開朗琪羅棺材周圍的雕刻與繪畫作品、詩人但丁的石棺和雕像等。

所有的這些，都是安徒生以前從來沒有見過的。嶄新的藝術世界，在安徒生的面前展現開來，他那過度興奮的心，簡直都有點按捺不住

了！在這些景物面前，所有以前不愉快的記憶都被他遠遠拋到了腦後。

十月十八日這天，安徒生又來到了羅馬。在這個被稱為歐洲水量最豐富的城市，隨處都可以看到迷人的噴泉。

在這裡，安徒生拜訪了自己的同胞，著名雕刻家伯特爾‧多瓦爾先生，他當時在義大利已經僑居多年了。

多瓦爾十分親切的接待了這位青年詩人。安徒生的真誠、坦率，他對藝術的摯愛追求和生活的坎坷，都與多瓦爾的經歷十分接近。儘管這位老人已經六十三歲了，也曾飽嘗過飢餓、寒冷、歧視、嘲笑等辛酸，但他始終堅持不懈，為自己的理想而奮鬥，最終他達到了自己的目的。

安徒生對多瓦爾的經歷及奮鬥精神充滿了敬重，他們一起愉快談藝術、談自己的經歷，十分投機。多瓦爾為人也很直爽，待人真誠，安徒生很喜歡他。

當多瓦爾生聽說安徒生的作品在國內受到惡毒的抨擊時，憤憤不平：

「哥本哈根的這些哲人就是這樣，越不懂藝術，就越要批評別人。如果我留在那裡，情況也不會比你好，他們總是想教訓一下年輕的作者。所以，你根本不必理會他們，只管一步一個腳印前行吧！」

安徒生把《亞格涅特》念給他們聽。

「我很喜歡作品的真實感情和許多富有詩意的場面。」多瓦爾生說，「而主要是，這一切都是丹麥的，是我們的，一切都那麼親切，就像我在國內的森林中散步，看見丹麥的湖光山色似的親切！」

多瓦爾先生的同情和支持給了安徒生極大的鼓勵，讓安徒生得以

醜小鴨也會變天鵝
譜寫瑰麗幻想的安徒生

在羅馬度過艱苦歲月。而且,多瓦爾先生像年輕人一樣的樂天精神,
也給予了安徒生最為真誠的教誨與支持。

（三）

這一年的耶誕節，安徒生是在羅馬度過的。對他來說，以前的任何一個耶誕節，都沒有一八三三年這個耶誕節這樣喜氣洋洋。安徒生與一些朋友一起在競技場附近一家別墅花園的一間大屋子中過節。這些人中有畫家、雕刻家、詩人等，大家都獨出心裁準備禮物送給朋友。以這種獨特的方式過節，可謂充滿了詩情畫意的文藝氣息。

耶誕節過後，安徒生收到了一封從丹麥寄來的信，原來是攻擊他的作品《阿格內得和人魚》的批評文字的剪輯。這篇文章以教訓的口氣，稱安徒生表現出了「反常的敏感和孩子氣」，要他「多一點大丈夫氣概和力量，少一點孩子氣、怪癖和傷感」。

讀完這封信，安徒生傷心的將它撕得粉碎，這些刻薄的批評讓他沮喪到了近乎絕望的地步。

那麼有沒有人為安徒生的詩作說句公道話呢？有一個人，即拉索艾夫人，在給安徒生的一封信裡這樣說：

我必須承認《阿格內得和人魚》沒有獲得很大的成功。但有的人想從中途將它拉下來，那是居心不良的。這首長詩中有很多美好動人的東西，但我認為你在處理主題的問題上犯了一個大錯。阿格內得是個輕浮的人，我們可以盡情看她，卻不能接觸她。你很輕快的處理她，並用一些粗俗的人物包圍了她，而且讓她的圈子小得沒有任何活動的餘地。

唯有這封信，對安徒生說了一些善意、鼓勵的話。雖然信中也對他做了一定的批評，但這種善意的批評卻很容易讓人接受。

就在安徒生因為國內對他的詩歌的批評而苦惱的時候，家裡傳來

醜小鴨也會變天鵝
譜寫瑰麗幻想的安徒生

了他母親病故的不幸消息。

「上帝，請您寬恕我！在我還沒有能力為母親減輕一點苦痛的時候，母親竟然已經離開了我。」這位一生貧苦的母親，在親眼看到兒子的偉大成就之前，就這樣離開了人世。

這個消息令安徒生悲痛欲絕，他哭得那麼傷心。從此，在這個世界上，再沒有人與安徒生有血緣關係了。安徒生覺得自己無助極了。

緊接著，安徒生又接到一個消息，說在《靈界通訊》這本書中將他罵得體無完膚的詩人亨里克‧赫茲即將要到羅馬來。

那個哥本哈根的敵人，居然也來到了美麗的羅馬，這讓安徒生有些無法忍受。

有一天，安徒生正在一家咖啡館裡喝咖啡，無意中居然遇到了赫茲。赫茲非常親熱的與安徒生握手交談。在發現安徒生很憂傷後，赫茲還極力安慰他：

「我喜歡你對大自然的描寫，因為這尤其顯露了你的幽默。至於其他作品，我相信那一定是對你的一個安慰，那就是：幾乎所有真正的詩人都經歷過與你相同的遭遇，在暫時的苦難之後，你就會開始領悟到什麼是藝術的真理。」

最後，赫茲還對安徒生說：

「從現在開始，我要作你的好朋友。」

這幾句發自內心的話，表達出一種多麼親切的同胞情誼啊！過去他們曾是仇敵，現在卻變成了親密的朋友。這對於安徒生來說，就好像是一劑補藥。之後，兩人一起到拿坡里去，住在同一家旅館中，相處得非常融洽。

第十一章 再次遠遊

　　安徒生告訴赫茲，他正在構思一部名為《即興詩人》的中篇小說，主要描寫一個具有即興詩作奇才的貧苦義大利男孩安東尼奧的故事，而且已經開始了第一章。赫茲真誠祝願安徒生創作成功。

醜小鴨也會變天鵝

譜寫瑰麗幻想的安徒生

第十二章　童話的開始

　　人生就是一個童話，充滿了流浪的艱辛和執著追求的曲折，我一生居無定所，我的心靈漂泊無依，童話是我流浪一生的阿拉丁神燈。

——安徒生

醜小鴨也會變天鵝
譜寫瑰麗幻想的安徒生

（一）

　　一八三四年八月，安徒生回到哥本哈根，此後全身心進入到《即興詩人》的創作中。但與當初的設想相反，這篇作品由中篇變成了一部長篇小說。

　　《即興詩人》是一部反傳統的自傳性作品。小說的情節大致是：

　　主角安東尼奧是個有點病態的痴情男人，在慈母養育下度過了童年。隨後母親去世，他便開始過著寄人籬下的悲苦生活。在耶穌教會學校中，他顯露出一定的詩歌天賦，但卻沒有人賞識他。後來，他愛上了他的保護人——一位羅馬大官的女兒，他向她傾吐了自己的愛戀，以及他的理想。她對他很友好，可她的父母卻決定將她送進修道院，讓她在那兒為拯救世界獻出她的一生。

　　另外，他還一貧如洗，她的家裡人儘管心地善良，但還是瞧不起他，上流社會動不動就教訓他，誰也不相信他是什麼天才……

　　事實上，這些都是安徒生自己真實生活的體驗。在小說的結尾，安徒生按照大眾的閱讀意願，用一種美好的大團圓結束了小說。安徒生覺得，故事中的主角歷盡苦難，這是他們應該得到的補償。

　　在創作過程中，安徒生不僅融合了自己的人生體驗，還有意識的按照當時頗為流行的風格，採用了「造成懸念和情節離奇曲折」的手法，令故事讀起來更為引人入勝；同時，他還不放過任何一個機會，對義大利的生活與風土人情做了準確而生動的描繪，使整個作品都充滿了詩情畫意。

　　小說完成了，安徒生最後為它寫了一個題詞：

　　「獻給參議員柯林和他尊貴的夫人，我發現他們是我的父母，他

們的孩子是我的兄弟姐妹，他們的家就是我的家。我在這兒獻上我所有最好的東西。」

然而，小說的出版並不順利。

由於批評界一直惡意攻擊安徒生的作品，以及上流社會沙龍中有關安徒生「江郎才盡」的傳言，令出版商不敢貿然出版安徒生的作品。他們要求安徒生必須先聯繫至少一百個訂戶，才能進行付印。

安徒生費盡周折，最終也只聯繫到八十個訂戶。最後，曾幫他出版《徒步旅行記》的出版商萊采利勉強答應下來，表示可以先出版試一試。

一八三五年九月二十三日，《哥本哈根郵報》上刊登了這樣一則廣告：

H.C. 安徒生的小說《即興詩人》將於三月出版。該書已由克隆茲教授譯成德文，欲訂購者請速到大學書刊發行人萊采利先生處登記。鑒於小說已超出原定篇幅，故零售價將大大高於預訂價，即上下兩冊共一塊零六十四個銀毫（當時丹麥的貨幣單位）。

然而，這部作品出版後，很快就銷售一空。尤其在義大利非常流行，一些外出旅行的人幾乎人手一冊。但是，在丹麥它仍然受到批評界的漠視，甚至還有人故技重演，暗示書中有各種文法錯誤，等等。

過了一些日子，《星期日時報》上發表了詩人卡爾‧巴蓋爾的一篇短文。文章的開頭寫道：

「我很久以前就預言過：詩人安徒生寫的作品已經不如以前好了，他已江郎才盡了。也許，某些上流社會恰恰是讓詩人初次露面時就受到寵愛，而且幾乎被當作偶像來崇拜的地方，然而他並未江郎才盡；

醜小鴨也會變天鵝
譜寫瑰麗幻想的安徒生

相反，如今的他已大搖大擺登上了以往他所全然不知的地位，憑著《即興詩人》，他的面前已展示了一幅非常燦爛的前景。」

儘管丹麥評論界對這部小說的批評聲不斷，但讀者卻對該書表現出了前所未有的熱情，第一版很快就賣完了，第二版第三版又在不斷重印。

在丹麥之外，這部小說也受到了熱烈的歡迎，不僅很快有了德文版和英文版，還有了俄文版和法文版，瑞典的報紙也發表了讚美的評論，英國評論界也對此高度評價……《即興詩人》為安徒生贏得了世界性的聲響，也初步奠定了他在丹麥文學史上的地位。

這令安徒生深感意外，同時也深受鼓舞。他說：

「這部作品提升了我已經下降的名氣，再次將我的朋友聚集在我的周圍，甚至為我贏得了新的朋友。我第一次感到自己已經獲得了應有的認可。」

第十二章 童話的開始

（二）

在寫完《即興詩人》之後，受到鼓舞的安徒生一發而不可收拾，隨即便於一八三六年出版了第二部長篇小說《OT》，一八三七年又出版了第三部長篇小說《只不過是個小提琴師》。

這兩部小說都帶有濃烈的安徒生個人經歷的色彩，從故事情節到人物形象，甚至是主角的名字，都能夠清晰顯露出其自傳性的特點。

兩部小說出版後，也深受讀者的喜愛，銷量都非常可觀。

現在可以說，一八三五年是安徒生人生旅途中具有里程碑意義的一年。在一年的三月，出版了為他帶來榮譽與信心的《即興詩人》；五月，又出版了為他帶來世界性聲響與終身成就的第一部童話集《講給孩子們聽的童話》。這一年，安徒生剛好三十歲。

其實，早在幾年前安徒生就開始寫童話了。一八三〇年問世的第一部詩集，就已經附有他的一篇童話《幽靈》（後來改寫為《旅伴》）了；一八三二年，他還發表《老約翰尼的故事》、《跳蚤與教授》、《開門的鑰匙》、《跛子》、《牙痛姑媽》五篇童話故事。《即興詩人》也有一定的童話性質。

不過，在《OT》和《只不過是個小提親師》出版後，丹麥文學界又開始對安徒生的作品唱起了反調：

「安徒生寫詩的天賦我們是承認的，但他寫了《即興詩人》之後，就開始自鳴得意了，接連又寫了幾部小說，那些作品並沒有任何新意。」

但他的這兩部作品在國外同樣獲得了極高的評價：

「安徒生苦心創作的三部長篇小說中，他豐富的想像力、深邃的

醜小鴨也會變天鵝
譜寫瑰麗幻想的安徒生

思想及敏感的詩人天賦，都清晰表現出來。尤其值得敬佩的，是他從貧苦的境遇中掙扎出來，最終獲得成功的經歷。可以說，就是一種高潔的品質。正因為這樣，他所描寫的人生，恰恰含有深遠的意義。」

一八三七年，也就是安徒生創作《只不過是個小提琴師》的這一年，他到瑞典去訪問。

到了瑞典後，瑞典的作家朋友都熱情而誠摯的歡迎他。安徒生就像遇到親人一樣高興，他按捺不住自己興奮的心情，寫了一篇《斯堪地那維亞讚歌》。

在這首詩中，安徒生對瑞典、丹麥和挪威這三個斯堪地那維亞國家的國民倍加推崇，熱情歌頌他們的美好品德。直到現在，這首詩仍被三國的國民歌詠著。

儘管此時的安徒生已經擁有了很高的榮譽和地位，但沒有任何援助，只靠稿費來維持生活，讓安徒生的生活依然貧困。因為在當時的丹麥，稿費是比較低的。安徒生要想維持生活，只有不斷地進行創作才行。但這樣一來，不但糟蹋了身體，也很難寫出高品質的作品。

隨著出版作品的增多，安徒生在文學界的朋友也一天天多起來，而且不少都是大人物。儘管依然有不少人攻擊他，但對於交友方面的命運，安徒生不得不感謝上帝。

丹麥國王又決定，給予安徒生長期的津貼補助，讓他可以以藝術家的身份到國外進行研究旅行。這也是丹麥國王菲力德烈克六世在位期間，丹麥政府設立的一個榮譽制度。

「這樣，我就不用再因生活而被迫寫作了。從此，我就能寫一點像樣的作品出來了。」安徒生對國王給予他的幫助感到非常感激。

第十二章 童話的開始

新的生命旅程在安徒生面前展現開來。這一年，安徒生三十五歲。

醜小鴨也會變天鵝
譜寫瑰麗幻想的安徒生

（三）

在《即興詩人》出版兩個月後，安徒生又出版了自己的第一部童話集，其中包括《打火匣》、《小克勞斯和大克勞斯》、《小意達的花兒》以及《豌豆上的公主》等四篇童話；同年十二月，又出版了他的第二部童話，包括《拇指姑娘》、《旅伴》和《頑皮的孩子》三篇童話。

從此，童話也成為安徒生的重要創作形式之一。直到去世的前兩年，安徒生整整寫了四十三年童話，幾乎每年都要在聖誕前夕出版一本童話集，作為送給孩子們的節日禮物。

但是，當時的安徒生正處於其小說、詩歌等作品剛剛獲得社會承認的關頭，可以說正處於文學創作比較順利的情況，尤其是《即興詩人》的大獲成功，更是為他贏得了極高的榮譽。在這種情況下，安徒生為何要放棄小說創作，而轉向童話呢？

這還要從《即興詩人》說起。《即興詩人》獲得成功後，隨後的另外兩部小說也大獲成功。這讓安徒生開始思考，他的幾部小說都是先從國外產生影響，然後才在國內出現反應。但是，安徒生的作品並不是為國外讀者創作的。他還曾寫過幾部戲劇，但都沒產生什麼太大的回響。安徒生認為，戲劇是富人享受的藝術，而小說是給廣大市民閱讀的。寫戲劇，對場景、舞台語言等方面都要求較高；寫小說則重在情節，關鍵是要把一個好故事生動有趣的講出來。

說到講故事，那簡直就是安徒生的強項。童年時，安徒生就喜歡聽故事，也喜歡講故事給別人聽。他出版的幾部小說，從眾多肯定的評論中來看，大多數讀者也都是稱讚他能夠將人物的命運與生活中的

故事糅合在一起。這些評價，也讓安徒生開始對自己的講故事的本領自信起來。

安徒生清楚記得童年時精神病院裡的老太太們講給他聽的故事，還有在採啤酒花時聽老祖母和農民們講的各種故事。

每一次聽故事，小安徒生都聽得特別認真，不漏掉一句話。她們講的鬼故事，總是讓安徒生又怕聽又想聽。這些童年時代聽來的故事，也成為《老約翰尼的故事》等幾篇童話的素材。

安徒生的童話也讓他和孩子們結下了不解之緣，他成了孩子們崇拜的人物。他的眼睛總是放射出慈善、溫柔的光芒，嘴角流露出幽默、歡快的笑容，兩頰顯得也很有生氣。更重要的是，他始終保持著一顆美好的童心。孩子們既喜歡他的慈愛友善，也喜歡聽他給他們講的童話故事。

有一次，安徒生到詩人蒂勒家中去做客，看到蒂勒六歲的小女兒意達正在發愁著望向一束凋謝的花兒。

「我的小花兒真的死了嗎？」意達眼淚汪汪的問安徒生，「昨天晚上，它們還那麼美麗呢；可現在，它們卻全都枯了。是什麼東西讓它們變成這樣了呢？」

說著，意達還用小手指了指那束凋謝了的花兒。

「親愛的意達，它們是生病了。現在，就讓我來告訴你它們是怎麼生病的吧，」安徒生說，「你看，這些花兒昨天晚上去參加了一個舞會，一直玩到很晚才到家。所以，它們才累得無精打采的。」

「可是，花兒是不會跳舞呀。」小意達驚奇的說。

安徒生覺得小意達的這個問題很有意思，同時也讓他明白一個道

醜小鴨也會變天鵝
譜寫瑰麗幻想的安徒生

理，那就是小孩子並不是好欺騙的。

於是，安徒生就抱起意達，將她放在沙發上，然後用一隻手摟著她，即興編了一個非常有意思的故事給她，說花兒是怎樣變成了一隻蝴蝶，彼此之間是怎樣交往、怎樣談話的。

小意達聽得簡直入了迷。這是多麼奇妙的故事呀！

此後，安徒生又將小意達的花兒的故事講給其他孩子聽，他們一樣聽得那麼入神。後來，安徒生就將這個故事寫成了童話《小意達的花兒》，並念給孩子們聽，孩子們還是百聽不厭。

就這樣，安徒生的童話故事都是先口頭講述給孩子們，然後再寫成作品，同時還保留了口頭講述的語氣及其他特點，令故事通俗易懂，讀起來也是朗朗上口。

安徒生越來越覺得自己應該成為民間故事財富的繼承者，他從現實生活中挖掘各類素材，然後再按照自己的方式，寫出各種獨具特色的童話故事。而且，安徒生還將長篇小說描寫人物獨特性格的手法，創造性的運用到了自己的童話故事創作當中。

這些故事短小精悍，生動有趣，並且富於哲理。而且，故事透過不同的人講述出來，由於講述人不同，講故事的方式也會不同，這也令每個故事都各具特色。

雖然安徒生的童話很受孩子們歡迎，但哥本哈根評論界的大人們卻對它們不屑一顧。有一份名叫《丹諾拉》的評論性雜誌，居然勸安徒生不要在童話故事上浪費時間了。就連安徒生的好友愛德華·柯林都不理解他的做法：

「漢斯，你現在怎麼糊塗了？難道你是返老還童了嗎？」

第十二章 童話的開始

　　只有奧斯特對此持不同的觀點。他在安徒生的《即興詩人》和第一部童話集出版之前，就對安徒生說過：

　　「您瞧著吧，《即興詩人》會使您名聞遐邇，而童話將使您永垂不朽！」

醜小鴨也會變天鵝
譜寫瑰麗幻想的安徒生

第十三章 從醜小鴨到白天鵝

歷經風雨艱難的考驗之後，才能換下稀疏的黃毛，成為高雅的天鵝。

——安徒生

醜小鴨也會變天鵝
譜寫瑰麗幻想的安徒生

（一）

　　一直以來，安徒生都是非常信任奧斯特的。的確，童話給人們開闢了許多新的、迷人的領域，童話可以表達人的痛苦、幻想與期望，其表現力絕不遜於抒情詩。何況，安徒生又十分善於描繪森林、山川、河流、大海以及花草魚蟲等五彩繽紛的自然畫面，這也令他創作的故事更加生動有趣、栩栩如生。可以說，童話的內容是多方面的。

　　當時，當他的第一部長篇小說《即興詩人》與第一部童話集《講給孩子們聽的童話》同時擺在書店的櫥窗裡時，二者卻有著完全不同的命運：《即興詩人》十分暢銷，不斷重印；而《講給孩子們聽的童話》卻很少有人問津。這令出版商對安徒生的童話集失去了信心。

　　但是，安徒生卻對這些來自生活的作品充滿信心。他對出版商說：

　　「一定會好起來的，請相信我，我對它寄予了相當大的希望！」

　　因此，第一部童話集所受到的漠視，並未令安徒生放棄童話創作，反而激起安徒生在這條路上走到底、不達目的不甘休的決心。於是，隨後就有了第二部童話集的出版。

　　其實，真應該感謝那些批評安徒生創作童話的人。正是因為有了他們的批評，才令安徒生更加堅定了繼續創作童話的信心。而且，安徒生還逐漸明白了一個道理：想要讓孩子們讀到自己的童話，首先必須征服那些成人。因為是成人把持著閱讀的導向。如果成人不接受童話，童話被排斥在閱讀書目之外，孩子們又怎麼能夠讀到呢？

　　所以，安徒生在給一個朋友的信中這樣寫道：

　　我用我的一切感情與思想來創作童話，但同時我也沒有忽略成年人。當我創作一個講給孩子們聽的故事時，我要一直都記得他們的父

母也會在旁邊傾聽。因此，我也要寫一點東西給他們，讓他們一起思考。

安徒生的這一創作思想，在後來的許多童話中都有所體現。比如在《拇指姑娘》當中，安徒生所描寫的拇指姑娘雖然身材微小，但卻有著遠大的理想、富有愛心、努力追求美好的生活。在這樣的小人物身上，安徒生傾注了自己鮮明的情感，從而向讀者展示了不斷追求夢想的美好蘊涵。

在這樣的故事中，可能只有成人才能領略到其中的蘊涵，但孩子卻能讀到有趣的故事。可以說，安徒生所創作的童話故事令成人與孩子都能有所收穫。

儘管安徒生的創作意圖非常美好而有意義，但這些出版後的童話卻始終無人問津，這也帶給了安徒生沉重的打擊，讓他對自己的想法逐漸產生懷疑：

「不如還是繼續寫小說吧，也許那才是一條正路。」

有那麼幾天，安徒生的腦子中總會閃著一個念頭：為孩子們寫一部小說，就以一八三〇年為爭取自由解放而獻身的法國兒童的悲壯故事為題材。

可是，這是一件發生在法國巴黎的真實事件，自己沒有親身經歷過，又缺少相關的資料，安徒生很難動筆。

這一次，安徒生又陷入了進退兩難的矛盾境地。

醜小鴨也會變天鵝
譜寫瑰麗幻想的安徒生

（二）

　　一八三七年春，安徒生想起了自己在法國巴黎旅行的那個春天，那個早已埋藏在心底的對路易莎・柯林的「無言的愛情」被喚醒了。這段失敗的愛情經歷，也令他在不知不覺中想起了《阿格內得和人魚》這部小說的女主角阿格內得的遭遇──阿格內得在龍宮中生活多年，後來，她拋下自己的丈夫龍王與六個幼小的女兒來到人間。那麼，她的幾個女兒現在怎樣了呢？

　　安徒生腦海裡中浮現出這樣一個個畫面：六個小人魚由祖母撫養長大，每個小人魚都可愛美麗。在六個小人魚中，數最小的那個最美麗了。她皮膚光嫩，像玫瑰的花瓣；她長著一雙蔚藍色的眼睛，就像是晶瑩的湖水。六個小人魚都喜歡聽祖母講故事，尤其喜歡聽有關人類的故事。最小的人魚更是對人世間充滿了美好的幻想。在她長到十五歲時，祖母為她帶上一個用百合花編成的花環，每一個花瓣上都鑲有一顆珍珠，然後讓她把頭伸出海面去玩。這樣，她就能看到好多好多新鮮的事物，這些東西在龍宮中是沒有的。而最令她感到高興的是，海面的一條船上，住著一個英俊的王子。他長著一雙大大的黑眼睛，漂亮極了。可是就在這天，海面突然刮起了大風，王子所乘的那艘船被打翻了，他掉入海裡，就要淹死了。小人魚連忙游過去，把他救了起來。她深深愛上了這位王子。為了愛情，她甚至犧牲了自己的生命……

　　安徒生反覆思考著這個動人的故事，他打算擴展開來，將自己的許多體驗也寫入故事當中。當然，要寫成一篇童話也不錯，短小精悍、頗有韻味。

第十三章 從醜小鴨到白天鵝

　　為了讓創作更加成熟，安徒生特意寫信給艾達·吳爾夫，請她為自己提一些意見。艾達很欣賞他的構思。後來，他又寫信徵求奧斯特的意見，奧斯特勸他寫成一篇童話。

　　安徒生接受了奧斯特的建議，而且他本人對寫童話也更有興趣。這樣一來，安徒生就不再猶豫了，他提起筆來，一氣呵成，終於完成了一篇為他帶來永久榮譽的童話。這篇童話就是《小美人魚》。

　　可以說，《小美人魚》是安徒生的一部心曲之作。在完成後不久，安徒生在給一位朋友的信中動情的寫到：

　　「在我的所有作品當中，《小美人魚》是在唯一一部在我創作時感動自己的作品。」

　　就在這時，安徒生收到了好友赫茲的信。赫茲告訴他，海伯格相當看好一位名叫巴露丹的青年詩人，認為他的才華在安徒生之上。赫茲認為，不論別人如何評價，他一直認為安徒生才是最有才華的。

　　「巴露丹只會拿出一些華麗的辭藻來取悅人，但他缺少一顆真正的詩人的心。」赫茲這樣評價說。

　　這封信讓安徒生又有了新的想法。其實，他早就想寫一篇童話，用來諷刺那些只會吹捧、不學無術的壞風氣。

　　於是，安徒生又用他那生花之筆，寫了一篇關於一位虛榮的國王的故事。這位國王為了穿漂亮的衣服，不惜花掉所有的金錢，每個小時都要換一套衣服。有兩個冒充裁縫的騙子，說他們能織出世界上最美麗的布，做出世界上最美麗的衣服。不過，那些不稱職或愚蠢的人是看不見這件衣服的。他們把「衣服」做好後，叫國王脫下自己的衣服，換上他們做的新「衣服」。

醜小鴨也會變天鵝
譜寫瑰麗幻想的安徒生

「這衣服多好看啊！」大家都說，「多麼漂亮的花紋！多麼亮麗的色彩！……」

愚蠢的國王受騙了，在大臣們的簇擁之下，光著身子在街上遊行。這時，有個天真的孩子說出了真情：「可是，國王什麼衣服都沒有穿呀！」

這篇著名的童話就是《國王的新衣》。

安徒生將《小美人魚》和《國王的新衣》收入他的第三部童話集中，於一八三七年出版。這一次，安徒生吸取前兩部童話集出版時的教訓，為了引起人們的注意，給這本童話集寫了一個前言，題為「致成年讀者」。

在前言中，安徒生稱他的童話不僅是給孩子看的，也是給成人看的。在他向成年讀者進言之後，又在結尾的部分寫道：

「在一個小小的國度中，詩人永遠是一個可憐的人，因此他特別需要追逐榮譽這隻金翅雀。我們將會看到，我的這些童話所織成的網，是否能夠逮住這隻金翅雀。」

由此可見，安徒生對第三部童話集是否暢銷還是很擔心的。不過，安徒生還是流露出一種企圖征服讀者的願望，準備為「童話的榮譽」戰鬥到底。

這一次，讀者開始注意安徒生的童話了。第三部童話集的銷量直線上升，出版商簡直是眉開眼笑。而且，作品還出乎意料受到了皇家劇院的青睞，一位名叫菲斯傑爾的演員還在舞台上朗誦了《國王的新衣》，逗得觀眾們開懷大笑，不但樓座和池座裡的觀眾笑得前俯後仰，就連皇家包廂裡也不斷傳出笑聲。作品中那個孩子的話——「他什麼

衣服都沒有穿呀！」已經成為一句經典，讓每個人都在這充滿喜劇的氣氛中領略到了辛辣的諷刺與深刻的寓意。現在，整個哥本哈根都知道這個光著身子的國王的故事了。

醜小鴨也會變天鵝
譜寫瑰麗幻想的安徒生

（三）

第三部童話集所獲得的成功，讓安徒生格外高興，他已經很久沒有這樣開心笑過了。從這部童話集也可以看出，安徒生已經吹響了向童話王國大進軍的號角，大大加強了在這條戰線上作戰的力度。

從這以後，安徒生的名字也飛向了北歐，飛向了世界，他的童話征服了孩子，也征服了成人。兩個世紀以來，他的童話伴隨著一代又一代人的成長。

在安徒生看來，孩子們有著他們自己所獨具的寶貴才幹，而這些卻恰恰又是他們那些深明事理、老成持重的父母所欠缺的。在孩子們玩遊戲時，任何一件東西都是有生命的，都會做出一些有趣的事。比如：牆上的畫為什麼會微笑？掛鐘的表情為何會那麼嚴肅？……這些都可以成為童話的胚胎。

然而，要讓它們獲得永久的魅力，就必須注入一定的思想與感情——只有這樣，人間生活的土壤中才能開出最美麗的童話之花。

在所有的童話當中，安徒生覺得，《小意達的花兒》、《拇指姑娘》和《小美人魚》「應該是我開始創作的三篇」，「因為獲得了成功，決定之後還要自己創作，一八三八年便出了《幸運的鞋套》這篇故事。它比以前的故事都要長一些。這年的耶誕節，又出了新一集的第一部，裡面包括《雛菊》、《小錫兵》和《野天鵝》三篇童話。」

其中，《小錫兵》不僅是小朋友，也是成年人非常喜歡的一篇童話。而且不但丹麥人喜歡，外國人也很喜歡。德國著名詩人海涅曾滿懷興致的把它朗誦給妻子聽。有一次，安徒生到德國旅遊，去拜訪海涅時，海涅接待他以後，高興的對妻子說，「我為你介紹一下，他就

是《小錫兵》的作者。」

　　讀者的喜歡與朋友的鼓勵，讓安徒生寫童話故事的興致更高了。隨後，他又寫了幾篇童話，並把它們編成新一集童話的第二部，其中包括《鸛鳥》、《天堂的花園》和《飛箱》三篇童話，這部童話集於一八三九年出版。

　　在遇到好的題材時，安徒生也會寫一些其他體裁的作品。比如，在一個偶然的機會，他讀了一篇法文小故事《窮途潦倒的人》，深深被其中的故事情節所吸引。於是，安徒生將這個故事改編成了一個劇本。

　　利用這個題材，並用當時流行的交替押韻詩的形式，安徒生寫了一個名為《黑白混血兒》的劇本。

　　劇本寫成後，安徒生將它念給幾個對戲劇內行的老朋友和一些演員聽，他們都很感興趣。尤其是著名演員威廉‧霍爾斯特，更是極力稱讚這部劇本。

　　一八四〇年二月三日，在經過一番周折後，《黑白混血兒》終於上演了，並獲得了巨大的成功。

　　隨後，《黑白混血兒》被譯成瑞典文，並在斯德哥爾摩上演。演出結束後，觀眾們同樣報之以長時間的掌聲。而且，遊客們還把它介紹到瑞典的一些較小的城鎮上演。

　　有一次，安徒生到瑞典隆德旅遊，受到了當地人非常親切、熱誠的款待。一群年輕的大學生還為他舉行了歡迎聚會，並隆重授予安徒生一張榮譽證書。

　　《黑白混血兒》獲得的這些熱烈回響，是安徒生沒有料到的。

醜小鴨也會變天鵝
譜寫瑰麗幻想的安徒生

在愉悅的心情下，安徒生又構思了一部新作。他準備採用《一千零一夜》的格式來寫。故事的主角是個貧苦家庭的孩子，住在一條狹小的巷子裡，每天晚上都悲哀的站在窗前，打開窗戶向外眺望，看著天空中皎潔的月亮。月亮也會每天出來探望這個孩子，告訴他自己每天晚上看到的東西。於是，孩子就將月亮告訴他的這些故事都畫下來，一共畫了三十三個月亮講給他聽的事情。

在月亮講給他的這些事中，第一夜講的是印度發生的事，第二夜講的是巴黎的事，第三夜講的是德國的事……就這樣，這些故事構成了一部美麗的畫冊，如同一顆顆色彩斑斕的小珍珠。

這篇童話就是《沒有畫的畫冊》。

一八四〇年，《沒有畫的畫冊》一出版，就受到了孩子們的熱烈歡迎，它也成為安徒生最受歡迎的作品之一。

很快，英國就出版了這本書的兩種譯本，還將它變成了帶畫的書。在德國，這本書尤其受歡迎，出版的次數也最多，而且，德國作家馮‧戈倫夫人還利用《沒有畫的畫冊》作為素材創作了她第一部傳奇《美女》。

一八四一年，安徒生又到希臘、土耳其、瑞典、義大利等國家旅行，並將自己在旅途中的所見所感寫成了一組童話，按國別分為九章，給它們起了一個總題目《詩人的市場》。

回國以後，安徒生就將這本書出版了，其中包括《養豬王子》、《蕎麥》、《玫瑰花精》等童話。

這本書一出版，便在讀者中廣泛流傳開來，並受到了丹麥知識界最著名人物的鼓勵與褒獎。很快，書就又加印了幾版，安徒生也因此

而得到了一大筆稿酬。這本書很快便被譯成德文、瑞典文和英文,並一直受到好評。

安徒生的新童話不斷問世。一八四二年,新一集童話的第三部又出版了,其中包括四篇童話。

這雖然還遠遠不是安徒生童話創作的終點,但陸續出版的童話已經產生了越來越大的影響,安徒生的成就在國內外也已得到了公認。在自己的國土上,他已經獲得並正在獲得更多應該得到的一切。安徒生在自己的自傳中寫道:

「令人心神振奮的陽光射入我的心田,我感到歡欣鼓舞,並且充滿了進一步朝著這個方向進步、大大提高本領的強烈願望——即更加徹底學習這類作品和更加專心觀察大自然的豐富源泉……」

這一時期,安徒生在創作童話故事時,構思越來越明確,筆鋒越來越犀利,語調越來越嫻熟,寓意也越來越深刻了。顯然,此時的安徒生已經完全由一隻醜小鴨成長為一隻白天鵝了。

「就像一個人一步一步、辛辛苦苦攀上陡峭的山峰一樣,我在自己的祖國向上攀登著。……我一生的酸甜苦辣,對於我的發展和命運都是必要的。」

後來,安徒生在自傳中為自己這一階段的成就作了這樣一個小結。

醜小鴨也會變天鵝
譜寫瑰麗幻想的安徒生

第十四章 與名人同行

　　當我還是一隻醜小鴨的時候，我做夢也沒有想到會有這麼多的幸
福！

——安徒生

醜小鴨也會變天鵝
譜寫瑰麗幻想的安徒生

（一）

　　安徒生的劇本《黑白混血兒》上演時，女主角是由海伯格的夫人出演的。因此當安徒生從國外旅遊回到哥本哈根後，海伯格見到了安徒生，笑容可掬的對安徒生說：

　　「我很快也準備到瑞典去旅行呢，如果能有幸能與您同行的話，我也能沾您點光。」

　　「這話是什麼意思呢？」安徒生故意天真的說，「您最好還是陪您的夫人一起去吧，她譽滿而歸，您自然就沾到光了。」

　　海伯格氣得臉色煞白，很不高興的走開了。

　　安徒生知道，自己的回答儘管機智，但卻得罪了海伯格。而得罪了他，自己是不會有什麼好果子吃的。

　　果然，在《黑白混血兒》走紅之際，安徒生又寫了一部劇本，名為《摩爾夫人》，結果遭到了海伯格毀滅性的批評，海伯格的夫人也拒絕再次出演。

　　這令安徒生的心情十分沉重，他需要馬上躲開兩件令他痛苦的事：一件是《摩爾夫人》不能上演的鬱悶，另一件就是路易莎‧柯林與律師林德的婚禮！

　　安徒生決定再次到國外旅行。

　　這時的安徒生已經養成了一個習慣，就是一旦在國內感到不愉快，就出國旅行。這也不是完全為了回避現實，而是安徒生感覺沒有必要將自己的時間與精力耗費在那些無聊的事情上。而且，每一次的出國愉快旅行也都在深深吸引著他。

　　這一次，當安徒生經過比利時，進入法國的時候，已經是春天了。

第十四章 與名人同行

田野間長滿了嫩綠的小草，溫暖和煦的陽光照在身上，讓人的心裡都是暖呼呼的。

到了巴黎後，安徒生在國民圖書館對面的一家旅店中住了下來。

當維克多 · 雨果、大仲馬、巴爾扎克、海涅等一些大文豪聽說安徒生來巴黎時，都對他表示十分歡迎。

著名作家雨果專門邀請安徒生到法蘭西劇院觀看了他正在挨罵的悲劇《衛成官》。每天晚上，這齣戲都會在一些較小的劇院演出，並遭受觀眾的批評。這也讓安徒生懂得了，大作家的劇作有時也難免挨罵。從此以後，當國內再有人批評他的作品時，他就不那麼在意了。

安徒生還親自去拜見了大仲馬。大仲馬的生活習慣總是比較特殊，他每天總是與紙、筆、墨水等躺在一起，在這裡寫他的新劇本。

一天晚上，大仲馬帶著安徒生到「皇宮」劇院拜訪了幾個法國演員，和他們認識了一下，然後兩人一起漫步到聖馬丁劇院。

當時一大群演員正在換衣服、化妝，大仲馬就領著安徒生從嘈雜的人群中穿過去，就像走過《一千零一夜》中的海洋一樣，到後台愉快的參觀。

當他們沿著大街回家時，遇到了一位青年男子。

「這是我的兒子，」大仲馬向安徒生介紹說，「他是我在二十二歲時出世的，今年他已經是我那時的年齡了。不過，他還沒有兒子。」

就是在這樣有趣的介紹中，安徒生認識了小仲馬。後來，小仲馬也成了一名著名的作家。

幾天後，安徒生又在朋友布卡姆伯爵夫人的家中認識了巴爾扎克。這位法國大文豪衣著整齊，舉止文雅。這時，一位女士抓住了巴爾扎

醜小鴨也會變天鵝
譜寫瑰麗幻想的安徒生

克和安徒生，拉他們一起坐在一張沙發上，然後她自己坐在他們中間。

「你們看，我坐在你們中間是多麼渺小呀，這正顯示了你們的偉大！」

安徒生回過頭，視線穿過她的背後，與巴爾扎克微帶譏諷的笑臉相遇。巴爾扎克半張著嘴，然後以一種奇妙的態度噘了噘嘴。這就是安徒生與巴爾扎克兩人的第一次正式會晤。

在巴黎，安徒生再一次見到了老友海涅。這時，海涅已經結婚了，海涅和妻子對安徒生的態度都非常友好、自然。在他們家中，有一群孩子正在與他們夫妻二人一起玩。海涅幽默的說：

「這些都是從鄰居家借來的孩子，沒有一個是我們自己的。」

海涅還從自己最近寫的詩中挑選了一首抄出來贈給安徒生。

在巴黎，愛迪生到處都受到友好的款待，人們對他的作品也都十分推崇。那些在丹麥被罵得一文不值的作品，在這裡卻得到了深深的讚賞。人們不僅把安徒生看作一位詩人，更把他看作一位名人，還推崇他為本世紀的大文學家。

「這麼崇高的禮遇，我能夠擔當起來嗎？我的作品真的這麼偉大嗎？」

安徒生靜靜反省了一下自己，感到臉上火辣辣燥熱起來。天生膽怯羞澀的性格，讓他覺得有點不好意思起來。

第十四章 與名人同行

（二）

　　第二年，安徒生開始到德國旅行。這時，他在海外的活動達到了最高潮。

　　安徒生剛一到威瑪爾，就有皇家馬車專程到旅館來迎接他。車上還坐著傳記作家埃克爾曼和老宰相米勒爾兩人。

　　原來，是王室的沙克遜大公與大公夫人邀請安徒生去進餐。

　　安徒生坐在馬車上，愉快欣賞著周圍美麗的森林與聳立在山坡上的愛托斯堡。

　　正當安徒生看得出神時，一位英俊瀟灑的青年在樹蔭下招呼馬車停下來。隨後，米勒爾下車，向青年介紹了安徒生。青年熱情的與安徒生握手。

　　安徒生不認識這位青年，感到很奇怪，就問米勒爾他是什麼人。

　　「他是太子卡魯爾 · 亞歷山大。」米勒爾向安徒生介紹說。

　　安徒生聽完，簡直是驚喜異常。

　　車子到達離宮後，安徒生又與卡魯爾，以及他的父親亞歷山大大公和大公夫人見了面。

　　卡魯爾夫婦在招待安徒生吃完晚飯後，便陪同他到愛托斯堡村進行訪問。村裡人聽到愛徒生來了，都聚集在一起，拉著小提琴，興高采烈、載歌載舞著歡迎他。

　　這時，卡魯爾太子指著一棵大樹，對安徒生說：

　　「我相信，幾十年或幾百年後，你的名字也一定會刻在這棵大樹上面。」

　　原來，這棵大樹上刻著歌德、雪萊和威蘭德三位大文豪的名字。

醜小鴨也會變天鵝
譜寫瑰麗幻想的安徒生

安徒生聽了卡魯爾太子的話，非常感動。他想：

「我要到什麼時候，才能與歌德、雪萊和威蘭德三位文豪一樣，名垂千古呢？」

一八四四年，安徒生從德國回到哥本哈根，隨即便收到了丹麥首相蘭茨 ‧ 布雷騰伯伯爵的來信，稱正在菲因島度假的丹麥國王與王后邀請安徒生一同來度假。

國王與王后的厚待，讓安徒生倍感榮幸，他愉快接受了邀請。

安徒生馬上動身趕往菲因島。國王克利斯蒂安八世與王后提前準備了宴會，並為安徒生預留了座位，還親自為安徒生安排了住所。

在菲因島度假的整個期間，安徒生都是與王室一家一同進餐的。如此的榮幸之至，讓安徒生感覺自己過去所遭受的一切痛苦和磨難都是值得的。這也仿佛證明了他來哥本哈根前對母親所說的話：

「塵世間的顯貴與財富，都擺脫不了艱難與痛苦。」

九月六日，是安徒生來哥本哈根二十五周年的紀念日，國王與王后為他舉行了盛大的慶祝宴會，並且關切詢問安徒生這二十五年來的生活情況。

安徒生簡要的向國王談了自己的情況。當國王得知安徒生的收入不高時，第二年就為他增加了年薪，以便安徒生可以更加體面而專心的生活和創作。

菲因島的度假結束後，王后還贈送了安徒生一隻貴重的戒指，作為他們在菲因島共同度過美好時光的紀念。

從這以後，國王和王后就一直關注著安徒生的生活與創作情況，這給予了安徒生極大的鼓舞與鞭策。

第十四章 與名人同行

第二年的四月二日，國王和王后又特別邀請安徒生與他們一起吃飯，為安徒生慶祝生日，以表達對安徒生的關心與支持。

在給安徒生的生日紀念冊上，國王寫了這樣的祝詞：

靠充分發揮的才能獲得的光榮地位要比恩寵與禮物更有意義。

請記住這些話！

你的親愛的克利斯蒂安 · R

王后也為安徒生寫下了體面而珍貴的祝詞。

國王與王后的重視與厚待，讓安徒生感覺到無比的幸福與光榮。此刻的安徒生，覺得自己簡直就是世界上最幸福的人！

一八四七年五月，安徒生又從哥本哈根出發，經過德國、荷蘭、法國，到達英國。

在到達英國的第二天上午，安徒生就去拜訪了丹麥駐英國大使雷文特洛伯爵。安徒生希望能夠透過大使的關係，多認識一些英國文藝界的朋友。

雷文特洛大使告訴安徒生，他和他的作品早已為英國所熟識。就在當天晚上，帕默斯頓勳爵就要舉行一場精彩的舞會，並準備邀請安徒生前往參加。

晚上，雷文特洛大使帶著安徒生參加了舞會。舞會上聚集了英國身份最高的貴族，他們對安徒生的到來都表示了熱烈的歡迎。尤其是查理斯 · 狄更斯，在與安徒生相識後，不久便親自到安徒生的住所去拜訪他，還將他所有插圖精美的作品都送給安徒生，以表示對安徒生敬仰。

這次旅行回國後，安徒生寫了一本新童話，並在耶誕節前出版了。

醜小鴨也會變天鵝
譜寫瑰麗幻想的安徒生

安徒生將這部新童話送給了英國的朋友，並在書中題詞：

「向我的英國朋友們致以耶誕節日的祝賀！」

第十四章 與名人同行

（三）

安徒生在成為名人之後，以詩交友、以文交友、以名交友便成為一條不成文的定律。不論走到哪裡，他都會受到熱烈歡迎和盛情款待。他還清晰記得與瑞典著名女歌唱家珍妮 · 林德的初交情況。

那是發生在一八四〇年的事。

有一次，在哥本哈根的住所中，安徒生從一位瑞典客人的名單中第一次見到了珍妮 · 林德的名字。這一年，安徒生在訪問瑞典期間也受到了瑞典人的盛情接待。當時，他也去拜訪了這位享有「瑞典夜鶯」美譽的年輕歌唱家。珍妮 · 林德對安徒生很有禮貌，但表情卻相當冷淡。所以，她當時讓安徒生留下的印象並不深，安徒生也很快就把她忘記了。

三年後，即一八四三年，珍妮 · 林德來到了哥本哈根，希望能夠在皇家劇院演出。這次，珍妮的一位朋友找到了安徒生，說珍妮曾讀過他的作品，對他的作品評價很高。這位朋友希望安徒生能與她一起去見見珍妮，勸說珍妮在皇家劇院演幾個角色，讓哥本哈根人能夠聽聽她那美妙的歌聲。

其實，珍妮當時很想在哥本哈根皇家劇院演出，但又沒有一點把握。用她自己的話說，她除了瑞典的舞台外，還沒有任何國外演出的經驗。

這次，讀過安徒生作品的珍妮 · 林德在接待安徒生時與上次就完全不一樣了。剛一見面，她就熱情向安徒生伸出手來，緊緊握著他的手，與他談論他的作品，還談到她的小說家朋友布雷默女士。然而，當安徒生將話題轉到請她到皇家劇院演出的問題上來時，珍妮卻比較

醜小鴨也會變天鵝
譜寫瑰麗幻想的安徒生

猶豫。

安徒生見狀，便鼓勵她說：

「我沒有聽過你的表演，不便妄加評論，不過，在哥本哈根，只要有中等水準的嗓音和演技就可以獲得成功，何況你！你一定能夠獲得意外的成功！」

在安徒生的勸說和鼓舞下，珍妮同意了。結果，她在哥本哈根的演出異常成功。她那富於青春活力的嗓音扣人心弦，洋溢著深厚的情意與才華，有一種別具一格、令人神往的東西，甚至令整個哥本哈根都為之傾倒。丹麥的學者們還破例為她奉獻了小夜曲，給她最高的榮譽。

對於哥本哈根觀眾的熱情，珍妮感動得哭了。她不斷答謝道：

「我一定要努力，我一定要努力！當我再次來到哥本哈根時，我會為大家奉獻更多的節目。」

在舞台上，珍妮是一位偉大的藝術家；然而在台下，她卻是一位十分普通、敏感，甚至有點孩子氣的年輕姑娘。藝術上的巨大成就與平易近人的平民風格，使珍妮像一塊巨大的磁石般吸引了安徒生，甚至令安徒生為之瘋狂。

安徒生在欣賞珍妮無與倫比的藝術才華的同時，更欣賞她在成功之後仍然保持自己的個性：一個聰明的孩子般的性情以及對貧窮弱小發自內心的同情。

有一次，珍妮聽說有個團體透過募捐的方法來籌集資金，用來幫助那些因受父母虐待而淪為乞丐的不幸的孩子們，她就舉行了一次募捐演出，然後將票價收入全部捐出來。當有人告訴她，這筆錢可能會

令孩子們受益很多年時，她頓時高興得熱淚盈眶。

　　珍妮的善舉讓安徒生十分感動。出身窮苦家庭的安徒生簡直太理解這一善舉的意義了，他也因此而對珍妮更加敬重。珍妮那聖潔的心靈讓安徒生第一次對藝術與生活有了更清晰的理解，在他過於灰暗的心靈中射入了更多燦爛而溫暖的陽光。安徒生覺得，自己又一次墜入了情網。

　　這一年的秋天，珍妮再次在哥本哈根表演，同樣大獲成功。她在舞台上向觀眾淋漓盡致表現了一位在戰場上成長起來的天性純真的女孩子，那高尚的天性滲透在她的每個動作之中；而在家中，珍妮卻始終保持著自己的個性：聰明、天真、率直，充滿了孩子氣。

　　在回瑞典前，珍妮特意舉行了餞行宴會，以感謝所有人對她的支持與關愛。她特別走到安徒生面前，舉起一杯香檳酒，微笑著對安徒生說：

　　「我非常感激您對我的關照，我希望能夠在哥本哈根有一位兄弟，您願意做我的兄弟嗎？」

　　這顯然與是安徒生的期望相差甚遠的，但他還是微笑著點了點頭。

　　沒能當面向珍妮表達感情的安徒生，在珍妮離開後，選擇了用書信的方式向珍妮傾訴自己的情感。但是，珍妮卻沒有給他任何回答。

　　兩年後，安徒生在倫敦又拜訪了在那裡演出的珍妮。雖然安徒生仍然在執著追求著自己的愛情理想，但事實上，他依然是一廂情願。

　　一八四五年冬天，安徒生的作品再次遭到哥本哈根一些人的嘲笑與攻擊。為了擺脫煩惱，他來到了柏林。珍妮恰好也在那裡，安徒生非常希望此時能夠得到珍妮的安慰與鼓勵。儘管珍妮還是熱情接待了

醜小鴨也會變天鵝
譜寫瑰麗幻想的安徒生

安徒生，但安徒生卻明顯感覺到兩人之間那種親密與默契已經沒有了。

僅僅交談了半個小時，珍妮就禮貌的起身告別了。安徒生知道，自己的這一次戀情又失敗了。

儘管如此，珍妮對安徒生創作的影響，以及給予安徒生內心的撫慰，依然令安徒生一生都難以忘懷。他在自傳中這樣寫道：

「對於我成為詩人，沒有任何書、任何人比珍妮‧林德的影響更好、更崇高的了……在我的經歷中，我幸運的發現，由於我對藝術和生活有了更清晰的理解，便有更多充沛的陽光射進了我的心田。」

第十五章 事業的巔峰

對任何歌者來說，聆聽者眼中的淚水是最好的報酬。

——安徒生

醜小鴨也會變天鵝
譜寫瑰麗幻想的安徒生

（一）

　　一八四六年，安徒生出版了好幾部作品。比如，自傳《我的一生的童話》的第一個版本，抒情劇《小吉爾士敦》，以及新童話的第二集和第三集。其中，第二集收錄了《樅樹》和《冰雪女王》兩篇童話，第三集收錄了《紅鞋》、《牧羊女和掃煙囪的人》、《丹麥人郝爾卡》等五篇童話。

　　安徒生的童話創作道路已經越走越寬廣了。而他的童話也好像插上了翅膀，飛遍了五湖四海，而且還傳到了大洋彼岸的亞洲和拉丁美洲等地。

　　那麼，安徒生為什麼要將自己的自傳標題起為《我的一生的童話》呢？

　　原因是這樣的：出版商洛克準備出一本安徒生的選集，但選集前需要放一篇作者的傳略，而這篇傳略還要以童話的形式寫成。於是，安徒生就打算自己親自來寫這個傳略。這就是他自傳的第一個版本的來源。

　　後來，安徒生將《我的一生的童話》的內容進行了補充，形成了一部長達三十多萬字的自傳作品。這部作品不但記載了他一生的經歷與感受，還涉及了一些同時代歐洲文學藝術界的情況。透過這部作品，安徒生的形象在時代環境下也更鮮明地呈現在我們面前了。

　　在這部自傳式的童話作品集中，作者安徒生以妄自尊大、驕傲挺起肚子的補衣針為主角，寫了一篇名叫《補衣針》的童話。正像多瓦爾先生說的那樣，安徒生隨便拿一個什麼東西出來，甚至拿一根簡單的補衣針，也能寫出一個有趣的童話來。

第十五章 事業的巔峰

其實，安徒生不僅能拿補衣針寫童話，還能拿影子寫童話呢。伴隨著明快格調的《我的一生的童話》，還包括一篇調子憂傷、痛苦的童話《影子》。

這部童話主要寫了一位學者，因為追求真、善、美而導致貧困潦倒，最終死在監獄中，成了狡猾影子的犧牲品的故事。

由此可見，安徒生所寫的童話也並不都是優美的，也有很多充滿了憂傷和痛苦。

在《我的一生的童話》這部作品中，安徒生還講述了這樣一件事。他說：這件事本身是毫無意義的，但那顆在我頭上照耀的福星卻給了我新的啟示，告訴我什麼叫渺小，什麼叫偉大。

那是在拿坡里旅行期間，安徒生買了一根很普通的手杖，這根手杖是用棕櫚木製作的。在旅途中，安徒生一直都將這根手杖帶在身邊。就這樣，這根手杖隨他到了蘇格蘭。

有一天，安徒生與朋友一家驅車外出遊玩時，朋友家的一個男孩拿著這根手杖玩耍。在蘇格蘭的洛蒙德湖邊，這個孩子舉起手杖大聲喊道：「你看見最高的蘇格蘭山了嗎？你看見那兒浩瀚的海了嗎？」

不久，他們就離開了這個地方。在坐船遠行的時候，這根手杖失落在了旅館裡。

安徒生以為這根手杖從此就丟掉了，可是後來當他在愛丁堡時，有一天早晨，他站在月台上等待去倫敦的火車。就在這時，從北邊開來的火車停了下來，因為去往倫敦的火車幾分鐘後才開動，一位列車員就從北邊開來的火車上走下來，並一直走到安徒生面前，向安徒生遞過來一根手杖。

醜小鴨也會變天鵝
譜寫瑰麗幻想的安徒生

安徒生驚訝的接過這根手杖，看著列車員。列車員微笑著，好像早就認識他一樣，然後對安徒生說：「這手杖單獨旅行得很好啊！」

安徒生低頭看了看手杖，只見上面繫了一張小標籤，寫著：

「丹麥詩人，漢斯 · 克利斯蒂安 · 安徒生！」

原來，當有人知道這是安徒生丟失的手杖後，就專門周到的在上面繫了一個這樣的小標籤。就是憑著這個小小的標籤，這根手杖從一個人之手轉到另一個人之手，從洛蒙德湖上的輪船，轉到其他輪船上⋯⋯最後，它又轉到火車的列車員手中。而現在，又碰巧在開往倫敦的火車發出開車信號的幾分鐘內，又重新回到了主人安徒生的手中。

這根手杖的奇遇足以說明：安徒生活在人們的心中，人們是多麼熱愛安徒生啊！

而這時，也正是安徒生事業和生命最為輝煌的巔峰時期。

第十五章 事業的巔峰

（二）

一八四七年十二月，安徒生的新童話集又出版了。他迫不急待寄了一部給英國大作家查爾斯·狄更斯，並且還附帶了一封短信：

我又回到了安靜的丹麥家中，可是，我每天都在思念親愛的英國。在那裡，許多朋友幾個月前為我把現實變成了動人的故事（指在英國各地旅行和英國人民給予他的榮譽）。

在我忙於創作一部偉大的作品時，我又有了七篇童話的構思。我感到，有一種強烈的願望纏繞在我的心中，我要將我的詩歌園中的第一批成果移植到英國，作為獻給我的朋友耶誕節的祝賀。因此，我把它寄給您，親愛的卓越的狄更斯……

在英國海岸上，是您的手最後一次緊握了我的手，最後一次向我揮手告別。所以，我應該再次重新從丹麥向您致以第一次問候，至誠地獻上我深情的心意。

很快，狄更斯就回了一封信給安徒生：

親愛的漢斯，多謝您在耶誕節期間給予我友愛的、極其寶貴的回憶，我深感榮幸。

您的書使我們一家的聖誕團聚變得十分愉快，全家都為此而陶醉。書中的小孩、老人和錫兵都是我特別喜愛的人物。

……

以後不論您做什麼工作，都不要停止寫作，因為您的作品的思想太真實、太美好了，不要讓這些思想只保存在您自己的頭腦裡。

……

讀了這封信，安徒生簡直要高興得手舞足蹈。

醜小鴨也會變天鵝
譜寫瑰麗幻想的安徒生

在這一期間，安徒生所創作的童話，其中的人物都充滿了矛盾，甚至畢生都在探索有關真、善、美的道理，而這也是安徒生自己的思想不斷發生轉變的表現。對一些人的同情和對另外一些人的鄙視，以及對人間各種複雜問題的探索，他都在孜孜不倦尋找著答案。

這樣的創作也讓安徒生逐漸冷靜下來，因為他從成就的頂峰所看到的，不僅僅是為祝賀這位童話作家而編成的花環；所聽到的，也不僅僅是悅耳動聽的讚揚聲。

此時的安徒生雖然已經是個名人了，可謂功成名就，也有了屬於自己的財富，但是，他仍然在用貧民百姓的眼光來看待世界。

在貧民區中生活的人，成年人由於經年累月不停勞作而累彎了腰；孩子們則長年生活在破舊不堪的草棚裡中，精神萎靡、面黃飢瘦，苦難和罪惡正在扭曲著他們原本純潔高尚的靈魂。

當然，這種扭曲表現在富人眼中，就會顯得更加醜陋和罪惡。它不是因為苦難，而是因為富貴。

安徒生非常理解這些窮人的苦難經歷和感受，因為他的童年幾乎就是這樣度過的。為此，他的努力也來自這些窮人們心中所渴望的力量。與此同時，他的弱點也就是這些窮人的弱點。他幸福與否是與這些人的幸福分不開的，他一生的童話也自然就是他們一生的童話。

在安徒生的童話當中，神仙鬼怪、動物植物等，從來都是和諧生活在人類的日常生活之中，這不僅加強了童話的詩的氣氛，也很有助於嘲笑人間的各種時弊惡習。他作品中的神仙、魔鬼、巫婆、仙女以及花朵、鳥兒、小鴨子等等，也都像人一樣，有情感、有思想、有需求，各種喜怒哀樂交織在一起，活生生存在著。

第十五章 事業的巔峰

安徒生將自己的思想和情感都傾注在這些童話的主角身上，比如小美人魚、醜小鴨、白天鵝、灰色的夜鶯等等。但有些時候，作品的主題要求主角不是一個動物、一朵花、一個玩偶，而是一個有血肉、有思想、有情感的人。而且，這種故事還經常是一些結局悲慘、令人傷感的故事，它所描述的往往是貧困、孤獨、痛苦和死亡。

比如，在《賣火柴的小女孩》中，那個賣火柴的可憐小女孩最終死掉了，死在離暖和的火爐、離那隻烤鵝僅僅只有兩步遠的地方。最終，她也沒能等到哪位神靈出現在她的面前，留住她那美好的生命。

然而，在火柴的最後亮光之中，小女孩仿佛看到死去的祖母將她帶入了天堂。但這只是幻覺，這種幻覺無論如何都不能夠消除人們對死亡的恐懼。

再比如在《母親的故事》這篇童話中，童話的女主角是一位母親，她純樸而貧寒，死神將她唯一的孩子帶走了。為了找到孩子，她在茫茫黑夜，冒著風雪去尋找。為了問路，她把自己的眼睛獻給湖泊，她把即將凍死的荊棘放在胸膛溫暖它們，讓它們長出新鮮的綠葉。

最後，為了拯救自己的孩子，她還用自己美麗的黑頭髮與看墳的老太太換了一頭雪白的銀髮……

這個故事，讓我們看到了富於自我犧牲精神的母親的偉大與神聖。但是，安徒生並沒有給這個故事一個美好的結局，因為童年的種種經歷又出現在他的腦海當中。最終，這位可憐的母親只能聽從「上帝的意志」。而這也是符合生活現實的：窮苦人世代都要受苦受難，是不可能超越「上帝作主」這樣的信仰的。

當安徒生在創作這篇充滿憂傷的童話時，對母親的思念之情也油

醜小鴨也會變天鵝
譜寫瑰麗幻想的安徒生

然而生。在想到自己的母親的偉大形象時，他寫起來也是感情充沛，非常投入，從而令這個故事讀起來催人淚下，感人至深。

（三）

一八四九年，安徒生又創作了一部童話《亞麻》，同時還發表了一部童話劇《比珍珠和黃金更珍貴》。

不久後，這部童話劇就在俱樂部中演出了，而且大獲成功。俱樂部中共有兩千五百個座位，在系列的演出當中，全部的戲票頃刻間就傾售一空。這齣戲不僅孩子們喜歡看，就連大人也都爭著去看。可以說，從上層到最底層的各階層人民都喜歡這齣戲。這樣的結果，也讓安徒生獲得了極大的滿足。

他在後來的自傳中說：

「當我考慮創作講給孩子們聽的童話時，我想像他們的父母也會在旁邊聽的，因此我在童話中也應寫一些供他們思考的東西。」

所以，安徒生的童話作品都會在每個孩子能懂得的情節後隱藏供成年人琢磨的、更為深刻的寓意，以及通常只有成年人才能領悟到的智慧、生動機敏的幽默和尖銳的諷刺。

第二年，安徒生又創作了一部童話喜劇《北方夢神》。它所表現的主題，是健康、耐心和靈魂的寧靜遠比金錢的價值高。

這部童話喜劇也很快獲得了上演資格，而且戲票也是一售而光。然而，演出過程卻是此起彼伏。由於這出童話劇是用詩的形式寫的，所以在第一幕開演時觀眾沒能領會，劇院內一片混亂；第二幕開演時，人們開始譏笑起這部劇來；而第三幕開始時，幾個觀眾乾脆就走了。

但是，劇場裡接下來就安靜下來了，觀眾們開始聚精會神聽下去，生怕漏聽一點內容。劇剛一結束，全場就響起激烈的喝彩聲，每位觀眾都熱烈鼓掌了很長一段時間。

醜小鴨也會變天鵝
譜寫瑰麗幻想的安徒生

這齣戲接連演了好幾個晚上。有一天，演出結束時，一位窮工匠淚眼汪汪抓住安徒生的手，使勁搖著說：「謝謝你，詩人安徒生，這是一齣多麼神聖的喜劇啊！」

對於安徒生來說，沒有什麼能比窮人朋友的這種讚譽更令他感到激動和滿足了。

其實，安徒生的大部分詩歌和童話都來自於外界的環境。他很善於以一種詩人的眼光去深入觀察生活和周圍的大自然，這樣也能夠不斷發現生活中的美、創作出獨特的童話故事及詩歌等。

一八五一年春天的一天，陽光和煦，春風拂柳，安徒生來到城外，到一位住在普雷斯特灣的老朋友裡拜訪。安徒生發現，那裡的年輕人都很希望鸛鳥能在他們屋頂上築巢。

「等我下次來時，」安徒生開玩笑的說，「鸛鳥也會來的。」

不久後，安徒生又在一個清早來到這裡。果然，飛來了兩隻鸛鳥，忙碌著在屋頂上築起巢來。

這一年，鸛鳥時常飛來飛去。按照當地迷信的說法，預示著安徒生也即將要遠走高飛去旅行了。

不錯，安徒生果然又出去旅行了，不過只是去了瑞典，旅途很短。

瑞典是安徒生多次前往旅遊的地方，那裡的一切都讓他留下了深刻的印象。後來，安徒生將他腦海中的一組組畫面或印象寫成了一篇篇的童話，其中有一篇名為《麥稭的話》的童話。這篇童話，是安徒生根據當時的一件真事創作而成的。

有一天，安徒生到花園中散步，看到一群年輕的姑娘圍坐在花壇上。她們的手中都拿著四根麥稭在玩。她們把麥稭的末端兩根兩根編

第十五章 事業的巔峰

織在一起，據說，當這四根麥秸全都這樣編成一個整體時，編織人的願望就能夠實現。而且，她們還熱情的請安徒生也來試一試。

安徒生雖然不相信這種迷信的說法，但還是拿了四根麥秸編起來。他說，如果他能編成一個整體，他就把自己的願望告訴給這些姑娘們。

安徒生將麥秸打了個結，一張開手，四根麥秸果然合在一起了！

這時，安徒生忽然不自覺滿臉通紅，甚至開始變得迷信起來了，違反科學的相信了這件事。

「我的願望是：希望丹麥大捷，並且很快能夠獲得光榮的和平。」安徒生說。

原來，在一八四八年爆發的歐洲大革命期間，丹麥也未能倖免捲入其中，整個丹麥都充滿了戰爭的氣息。哥本哈根的民眾紛紛走上街頭，舉行各種群眾性集會。

這一年的一月二十日，丹麥國王病逝，新國王即位。一月二十八日，新國王公布了丹麥新憲法。

新憲法首先解決的就是丹麥當時混亂的民族問題。按照國內自由派的主張，霍爾斯坦公國可以獲得一些獨立權，但丹麥與德國居民雜居的什列斯維希地區，必須劃為丹麥的一個省。霍爾斯坦公國與什列斯維希公國以埃德爾河為界，一直以來都有著緊密的聯繫。因此，丹麥的自由派便喊出了「丹麥以埃德爾河為界」的口號，結果遭到兩個公國的一致反對。

公國分別派出代表向國王上書，表示希望不要將這兩個地區分割開，而且還希望能有各自的憲法。

國王拒絕了兩個公國的要求，於是兩個公國的王公決定以武力解

醜小鴨也會變天鵝
譜寫瑰麗幻想的安徒生

決問題。戰爭就此爆發了。

在丹麥人眼中，這兩個公國的起義無疑是暴亂，因而也難得民心，暴亂很快就被「平息」了。

然而，對這兩個公國懷有野心的普魯士在起義軍大敗時，派出了一支救援軍隊出來干預，公然支持兩個公國的軍隊。

很快，普魯士軍隊就占領了什列斯維希和白德蘭半島的一部分。後來，普魯士與丹麥簽訂了和約，丹麥軍隊於一八四九年七月殲滅了兩個公國的軍隊。

戰爭雖然結束了，但什列斯維希—霍爾斯坦的問題仍舊沒有得到解決。

安徒生從心底厭惡戰爭，也反對用武力來解決國家之間的爭端，時刻都流露出對和平的熱切期望。

「我是多麼希望戰爭可以盡快結束，多麼想看到每個人都能獲得自由，都致力於團結和友誼。」安徒生在給愛德華‧柯林的信中這樣寫道。

在給艾達‧吳爾夫的信中說，他說，戰爭就是一隻「吸吮人類鮮血、吞食燃燒的城市的極其可惡的怪獸」。

所以，當安徒生在花園中將麥秸打成結後，他說出了「希望丹麥大捷，並且很快能夠獲得光榮的和平」的願望

而那一天，碰巧傳來了弗雷德里西戰役勝利的捷報。麥秸的預言真的實現了！

除了《麥秸的話》外，安徒生還根據瑞典的印象寫了《鳳凰》、《祖國》、《一個故事》、《演木偶戲的人》等著名的童話。他把這些童

話編成了一個故事集，取名為《在瑞典》。這本書於一八五一年出版。

　　後來，安徒生在他的自傳中曾談到《在瑞典》這部作品，認為它比他的其他任何一部作品都能表現他自身的最大特徵：對大自然的美妙、幽默、抒情的描寫，有如抒情散文一樣。

（四）

　　從一八五二年起，安徒生開始以《故事集》為書名來出版他的童話故事。

　　安徒生認為，在丹麥的民間語言中，「故事」一詞既可指充滿奇幻的童話，也可以指普通的故事。這其實也是在強調，他不希望把自己的童話讀者局限在孩子們身上，而更希望大人們也能接受並喜歡閱讀他的童話。

　　安徒生出版的第一部《故事集》包括《一年的故事》、《世界上最美麗的玫瑰》、《城堡上的一幅畫》、《最後的一天》、《完全是真的》以及《好心境》等六篇童話。

　　一八五三年，他又出版了第二部《故事集》，其中收入了《傷心事》、《各得其所》、《柳樹下的夢》、《小鬼和小商人》以及《一千年以內》等五篇童話。這一年，他還補充增訂了《我的一生的童話》這部作品。

　　對於以《故事集》的方式出版的童話，有些讀者覺得內容不如以前的童話有意思了。但這些讀者可能沒有注意到，這個時期安徒生創作的童話故事已經具備了一些新的特點。

　　在英國出版的《雅典廟宇》雜誌中，對安徒生出版的《故事集》有這樣一篇評論：

　　「在離奇、幽默和親切感等方面，安徒生的童話是無與倫比的。讓那些要求為我們的斷言拿出證據的人讀讀這部作品中的《毫無是處》、《傷心事》、《柳樹下的夢》、《完全是真的》等故事吧，讓那些指責這些故事是小玩意兒的人也試著創作一篇如此完美、精緻和

有啟發性的作品吧！這些故事的篇幅雖然很小，且大部分都是寫瑣事和平凡的愛的，但它們卻是真正的藝術作品。就其本身而言，它們應該受到所有熱愛藝術的人的熱烈歡迎。」

一八五四年，安徒生又到維也納、威尼斯等地旅行。之後，他又到了德國，為他的全集進行大量出版前的準備工作。不久以後，由彼得森插圖的故事集便出版了。這部故事集除了包括以前出版過的許多童話之外，還收入了很多新寫的童話，如《她是個廢物》、《依卜和小克麗斯汀》、《光榮的荊棘路》等。

從一八五七年起，安徒生又出版了八部故事集，幾乎是每年出版一部，有時一年甚至會出兩部。另外，他還以單篇的形式發表了一些童話。在一八七一年到一八七三年間，他又出版了一批童話集。安徒生一共寫了一百六十四篇童話，為世界文學做出了傑出的貢獻。

在這期間，安徒生已經是享譽天下了，無數的光榮勳章、榮譽稱號、慶祝活動，無數讚揚他的文章，作品再版過無數次……可以說，數不盡的榮譽從國內外接踵而來！

在西班牙和葡萄牙旅行期間，各種尊敬與讚美也雨點般落在安徒生這個被別人譽為「童話之王」的人身上。就連陪同安徒生的約那斯（愛德華 · 柯林的兒子）都因為疲於應付這些榮譽而抱怨起來。

年輕時代的安徒生那麼急切而執著的要出名，為獲得別人的承認而拚命搏鬥；可是現在，他的名聲越來越大了，他獲得的榮譽越來越多了，安徒生卻「越來越有一種虛幻的感覺，越來越相信榮譽和名望是無足輕重的事」。這是他在給愛德華 · 柯林的一封信中說的話。安徒生覺得，要是能夠重新變成一個赤腳的小孩，重新去征服世界，那

醜小鴨也會變天鵝
譜寫瑰麗幻想的安徒生

該多好呀！

第十六章 榮譽市民

凡是能衝上去的，能散發出來的焰火，都是美麗的。

——安徒生

醜小鴨也會變天鵝
譜寫瑰麗幻想的安徒生

（一）

一八五五年四月二日，在五十歲生日這天，安徒生完成了三十萬字的自傳《我的一生》。

其實在這部自傳之前，安徒生的很多作品都帶有明顯的自傳色彩，如長篇小說《OT》和《只不過是個小提琴師》、童話《醜小鴨》等。而且，早在二十七歲時，安徒生就開始寫自傳了，只是一直沒有發表。這部自傳的原稿直到安徒生去世後的五十年，即一九二六年，才被人們發現，現在這部稿子就保存在丹麥國家圖書館中。

一八四七年，安徒生寫了《我的一生的童話》，就是他的自傳的第一個版本。後來，他在一八五三年出版的第二部《故事集》中，收入的童話《柳樹下的夢》也有一些自傳的成分在裡面。

這部童話寫的是一對青年男女純真的愛情故事，是一篇用白描手法寫成的童話故事，但事實上，這篇故事已經沒有太多的幻想和想像的成分了，而是作者對現實生活的真實體驗。從這篇童話中，讀者也能發現安徒生自身經歷的一些影子。

《柳樹下的夢》受到歡迎，也讓安徒生產生了這樣一種感覺：凡是以自己的生活經歷為素材創作的作品，不論是小說、戲劇，還是童話故事，都可以引起讀者的共鳴。

看到自己在國外很暢銷的《我的一生的童話》，安徒生心動了，他想在國內也出版一本傳記。於是，從一八五三年秋天開始，安徒生就開始在《我的一生的童話》的英文版和德文版的基礎上，著手創作回憶錄《我的一生》。最終，這部作品在一八五五年安徒生五十歲生日這天完成。

　　毫無疑問，《我的一生》是安徒生又一部相當重要的作品。整部作品共分為十五章，記錄了安徒生五十年坎坷曲折的人生經歷，為讀者準確了解安徒生、研究安徒生提供了第一手權威的資料。同時，這部作品也生動詳實記錄了安徒生在歐洲各國遊歷的經過，尤其是他結識了一大批世界著名的文學巨匠和藝術大師的情況，為人們研究歐洲文學提供了豐富的素材。

　　更加可貴的是，在這部自傳當中，安徒生並不是簡單回憶自己的傳奇性經歷，而是十分自覺的將他的自傳作為他創作的全部作品的注解。因此，在這部自傳當中，安徒生也充分談到了他的創作歷程及心路歷程。

　　在《我的一生》的開篇第一段，安徒生寫了這樣一段話：

　　我的一生既幸運又坎坷，它本身就是一個美好、曲折的故事。當我作為一個貧窮的、孤苦無助的孩子走向世界的時候，縱然有一個好心腸的仙女遇見我這麼說：「現在選擇你自己的生活道路和奮鬥目標吧，我願根據你的智力的發展，在必要時引導和保護你去達到目的。」我的命中也註定我不會受到更恰當、更穩妥或者說更好的指導。我一生的歷史將向全世界表明——有一個親愛的上帝，是在指引著萬物去攫取美好的一切。

　　從上面這段話當中，我們也可以看出安徒生的人生態度和信念追求的一個基本視角——對上帝的信仰。而這種對上帝的信仰與崇拜，在安徒生的孩童時期就已經根深蒂固了。

　　當童年時期的安徒生與母親一起因為在別人家的田裡撿拾麥穗而遭到追打時，面對即將落在頭上的鞭子，他大聲說：「你敢當著上帝

醜小鴨也會變天鵝
譜寫瑰麗幻想的安徒生

的面打我嗎？！」

　　十四歲時，當安徒生離開家鄉，前往哥本哈根尋找夢想時，他也相信自己一定是受到了上帝的眷顧。

　　……

　　這樣一種堅定的信仰，給予了安徒生拚搏下去的信心，讓他一生都堅信：人生到處都會有愛、美好和善良。於是，每每在人生的緊要關頭，他都會祈求上帝給予他勇氣和希望，並深信自己是特別蒙受上帝垂愛的孩子，也深信在任何痛苦與艱難的背後，都會有美好的結局。

　　這種信念，也讓這個敏感、內向，甚至有些脆弱的詩人，對人生與世界的未來時刻都充滿了信心和期盼。因此，安徒生最後用下面這段話結束了他的傳記：

　　我的一生到目前為止的經歷，如今就像一幅濃豔、美麗的油畫展現在我面前，激勵著我的信仰，甚至使我堅信好事從不幸中誕生，幸福從痛苦中產生。這是一首我所寫不出來的思想無比深邃的詩。我感到我是一個運氣好的孩子，在我一生中那麼多最高尚、最好的人都曾深情、誠懇地對待我。我對人們的信任很少受到欺騙！那些心酸、悲慘的日子本身也帶著幸福的萌芽！我以為自己受到的不公正待遇，那些不斷伸進我生活中的手，也仍然給我帶來過若干的好處。

　　當我們向上帝前進時，辛酸與痛苦在消失，留下的是一片美景，人們把它看做是陰暗天空中的彩虹。願人們恰如其分評價我，像我從心中評價他們一樣！生命的自白對一切高尚、善良的人來說，都有一種神聖的懺悔的力量，因此，我在這裡沒有顧慮，坦率、大膽的隨便說：好像坐在親愛的朋友們中間一樣，我敘述了我大半生的經歷。

第十六章 榮譽市民

　　的確，安徒生的一生都是坎坷的，所走過的道路也是曲折的。這種經歷充分反映在《我的一生》這部長達三十萬字的自傳當中。

　　可以說，安徒生的自傳有後人不能杜撰的思想含在其中。他的一生就是一部感人至深的童話故事。這篇自傳的字裡行間，還隱約流露出一種單相思的苦澀，以及對極其微小的刺激所表現出來的神經質的敏感。不過，這些並不影響安徒生在人民心中的地位。

醜小鴨也會變天鵝
譜寫瑰麗幻想的安徒生

（二）

安徒生在作品不僅在歐洲產生了巨大的影響，在美國也擁有大量的讀者。他時常都會接到美國讀者的來信，邀請他到美國去訪問。

以前，安徒生去過的國家都離丹麥不太遠，但要去美國，卻要橫渡大西洋。安徒生有暈船的毛病，所以儘管他十分想到美國去，最終也只能望洋興嘆了。

一八六〇年，安徒生再次去了德國和羅馬。次年，他出版了新《故事集》的第五集和第六集。其中，第五集中包括《老頭子做事總不會錯》、《新世紀的女神》等五篇童話故事；第六集中則包括了《冰姑娘》、《蝴蝶》、《蝸牛和玫瑰樹》等四篇童話故事。

一八六一年，安徒生又到日內瓦、里昂、羅馬等地旅行。次年，他發表了童話《古教堂的鐘》，並又一次前往西班牙旅行。

一八六三年，安徒生又由西班牙到巴黎旅行，之後創作了遊記《在西班牙》。

一八六四年對於丹麥人民來說，是災難深重的一年。這一年，丹麥政府對什列斯維希和霍爾斯坦兩個公國採取的沙文主義政策被普魯士首相俾斯麥所利用。於是，普魯士軍隊進攻丹麥，並占領了兩個公國，隨後將兩個公國變成為普魯士的兩個省。

這讓安徒生的心情非常沉重，他的腦海中不斷浮現出戰爭中的種種慘像，以至於好長時間都無心寫作。

戰爭的陰雲終於過去了，但安徒生卻感到一種莫名的疲勞。死神已經帶走了他很多親愛的朋友，他自己也常常感到老之將至，感到死神總在窺視著他。莫非，一切都要過去了？

第十六章 榮譽市民

不，安徒生要用自己創造性的勞動與衰老和死神鬥爭。很快，他又開始創作童話故事。一八六五年，安徒生出版了新《故事集》的第七集，其中包括《風車》、《育嬰室》等七篇。

到一八六六年的耶誕節，安徒生又出版了新《故事集》的第八集，也是最後的一集，其中有《看門人的兒子》、《姑媽》、《癩蛤蟆》等六篇。

一八六七年一月的一個晚上，安徒生應邀到哥本哈根大學做客。這裡的大學生聯合會組織了一個盛大的晚會，在晚會上，安徒生為大學生們熱情朗誦了他的幾篇童話故事。朗誦完畢後，大學生們對安徒生的朗誦報以長時間熱烈的掌聲，他們為安徒生童話的精雕細刻、幽默風趣和戲劇性而感到敬佩不已。

這年四月，安徒生前往法國巴黎，在那裡舉辦他的生平著作展覽。為了這次展覽，巴黎市民還專門為他建造了一座帶有花園、運河和噴泉的展覽館。

在展覽館開放的日子裡，每天前來參觀的群眾絡繹不絕。在這裡，安徒生還再一次會見了希臘國王喬治。這位過去曾聽過安徒生為他朗誦童話的國王，還特意興致勃勃參觀了這次展覽。

展覽結束後，安徒生回到哥本哈根，完成了童話《樹精》的寫作。這一年，他還發表了童話《兩個海島》。

在巴黎期間，安徒生就聽說他所出生的城市奧登塞正在醞釀一件與他有關的大事。回到哥本哈根後的十一月二十四日的傍晚，年逾六旬的安徒生接到了一份十分莊重的請柬，這是奧登塞市政管理委員會特意派專人給他送來的。

醜小鴨也會變天鵝
譜寫瑰麗幻想的安徒生

請柬的上面寫道：

我們在此榮幸的通知閣下，我們選舉閣下為閣下出生的城市——奧登塞的榮譽市民。請允許我們邀請閣下於十二月六日，星期五，在奧登塞和我們聚會。屆時，我們希望把榮譽市民證書親手交予閣下。

奧登塞市市政管理委員會

這份請柬的到來，讓安徒生十分高興。第二天，安徒生就寫信回覆說：

昨天傍晚，我接到了尊敬的市政管理委員會的通知，請速轉達我的深切感謝。我出生的城市是透過你們，尊敬的先生們，給我的這種承認、這種榮譽，是我從來都不敢夢想的。

我，一個窮苦的孩子，離開我出生的城市，已經四十八年了。現在，我就像一個丟失的孩子回到父親的家園，心中充滿了幸福。我的這種感受，你們都能理解。那是一點也不誇張的：我要感謝上帝給我安排那麼多的磨煉和那麼多的幸福。請接受我的衷心感謝。

我愉快期望著在約定的一天——十二月六日，會見我所熱愛的出生城市的高尚的朋友們。

感謝和尊敬你們的

H・C・安徒生

在獲得所有的榮譽當中，安徒生最重視、最在乎的，就是他的故鄉奧登塞市授予他的「榮譽市民」的稱號。安徒生認為，這是「這個世界能提供的最稀有的對我的景仰」，是他他一生中最光榮的時刻。這個「榮譽市民」的榮譽，也超過了他在此前三十年中所獲得的任何榮譽。

第十六章 榮譽市民

　　即將授予安徒生「榮譽市民」消息很快就傳遍了整個奧登塞市。這不僅是安徒生一生中最大的事件，也是奧登塞市的一件空前的大事。以前，一位王子曾榮獲過這個稱號，但那是王子，而且此後再沒有王子獲得過這樣的殊榮。而現在，是要授予一個過去的窮苦孩子、一個皮鞋匠和洗衣婦的兒子這種殊榮，這恐怕在整個丹麥都是史無前例的。

　　不過，人們是認可安徒生的這個榮譽稱號的，因為他的作品，尤其是他的童話，在奧登塞、在整個丹麥都是家喻戶曉，每個人都喜歡讀。而且在國外，他也有著巨大的影響力。他為丹麥爭得了多大的榮譽啊！作為他出生地的奧登塞人民，為此也感到無比的自豪與驕傲！授予安徒生以奧登塞「榮譽市民」稱號，簡直就是合乎情理、順乎民心的事！

　　因此，市民們都互相奔相走告，為這件事感到歡欣雀躍。

醜小鴨也會變天鵝
譜寫瑰麗幻想的安徒生

（三）

一八六七年十二月四日中午，安徒生從哥本哈根乘坐火車出發，回到他的故鄉奧登塞市。

當火車徐徐駛入奧登塞車站時，負責迎接安徒生的主教恩格爾斯托弗早已在月台上等候了。安徒生走下車廂，看到有那麼多朋友前來迎接，心情非常激動。

在回賓館的路上，主教熱情的告訴他，在慶祝的那一天，兒童們將要組成歌舞隊進行精彩的表演，還有火炬遊行，那將是一副空前壯觀的景象。

安徒生來到賓館時，賓館已經為迎接他而作了精心的布置，從而給安徒生一種賓至如歸的親切感覺。有兩間漂亮的房子是專供他使用的，窗外是幾棵不太高的青松，亭亭玉立，給人一種寧靜、平和的感覺。室內光線柔和，整潔舒適。雖然已近冬天，但室內卻給安徒生一種溫暖如春的感覺。

十二月六日清晨，安徒生起床後，推開窗子，就看到家家戶戶的門前都掛上了國旗和彩旗。在微風的吹拂下，這些旗幟仿佛在向他頻頻招手致意。

七點整，一輛裝飾華麗的四輪馬車來到賓館，迎接安徒生前往市議會大廈。

剛一上車，一陣歡呼聲就傳入安徒生的耳際。原來是幾百名少年兒童在緩緩行駛的馬車兩邊，邊跟著馬車前行，邊揮動著小彩旗歡呼：

「好哇，安徒生！好哇，安徒生！」

「安徒生，我們民族的詩人！」

第十六章 榮譽市民

……

安徒生向前看去，議會大廈的廣場上已經站滿了人。人們都揮動著手中的國旗和彩旗向他致意，歡呼聲此起彼伏。

啊，安徒生一生中最偉大的日子到來了。

安徒生極力抑制自己的激動情緒，想讓心情平靜一點，可他怎麼也做不到。這樣盛大熱烈的場面，是他做夢都沒有想過的。

前面不遠的地方，安徒生的父親就埋葬在教堂的貧民墓地中。再往前很遠的地方，有他兒時住過的房子。如果父親、母親和祖母能夠活到今天，看到這種場面，他們該有多麼高興呀！

安徒生的心情激動極了。當馬車停下後，人們都紛紛擁向安徒生，高聲呼喊著：

「安徒生，我們的民族詩人！……」

不知是誰帶頭唱起了丹麥的第二國歌——安徒生所創作的《丹麥 · 我的祖國》：

「我出生在丹麥，這兒是我的家鄉……」

歌聲此起彼伏，響徹廣場。安徒生被這真誠的場面感動得熱淚盈眶。

在工作人員的帶領下，安徒生走上議會大廈的主席台中央坐下，台下瞬間掌聲雷動。

市長莫里爾首先發表了高度讚揚安徒生的講話。之後，他代表全市各階層人民向安徒生頒發了「奧登塞市榮譽市民」的證書。

安徒生兩手捧著這崇高而神聖的榮譽證書，向廣場上的人們深深鞠躬致謝。廣場上再次響起雷鳴般的掌聲和歡呼聲：

醜小鴨也會變天鵝
譜寫瑰麗幻想的安徒生

安徒生滿面熱淚，非常激動的向群眾大聲講道：

「非常感謝奧登塞的父老鄉親們！我是奧登塞人民永遠的兒子！」

「我出生的這個城市給予我如此巨大的榮譽，讓我振奮，又叫我不知所措。我不由得想起了神話中的阿拉丁，他在藉助神燈的力量建立了他宏偉的城堡之後，走到窗前，指著外面說：『我是一個窮孩子的時候，我在那裡溜達過啊！』」

「上帝眷顧我，賜予了我一盞智力的神燈——文學的才能。當它在遠處閃耀時，當外國人民也看得見它的光輝時，當他們說『那光亮是從丹麥發出來的』時，我的心是在多麼愉快的跳動啊！我知道，我現在回到家鄉來了，我有著許多同情我的朋友，但毫無疑問，我最大的朋友是在有著我睡過的搖籃的這個城市裡。這個城市今天給予我如此巨大的榮譽和同情，授予我異乎尋常的榮譽稱號，我感到無比的激動。我謹此向大家表示我內心的無限感激。」

安徒生的簡短而充滿深情的演講，再度激起了長時間的鼓掌和歡呼聲。在主席台上就坐的市長和其他著名人士都紛紛站起來，與安徒生熱情的握手。

晚上，安徒生又出席了在議會大廳中舉辦的慶祝宴會。安徒生坐在首席，在桌子的上方立著他的半身塑像。塑像鑲嵌在一個底座上，底座上有三個圓飾，上面刻著三個重要的日期：

一八○五年四月二日（他的生日）；

一八一九年九月四日（他離開奧登塞前往哥本哈根的日子）；

一八六七年十二月六日（他出生的城市授予他榮譽市民稱號的日

子）。

　　在宴會上，安徒生致詞說，這是他第三次來到議會大廳，第一次是來看蠟像展覽，第二次是一位好心的音樂家帶他來這觀看國王的生日慶典，第三次就是出席今天這個幸福的宴會。安徒生說，對他說來這就是一個非常美好而又非常真實的童話故事。

　　「但是生活本身，」在結束他的致詞時說，「是第一位的、最美麗的童話故事。」

　　安徒生在故鄉奧登塞一直停留到十二月十一日。在離開奧登塞的那一天，車站擠滿了前來送行的人們。

　　「請以後一定要回來啊！」

　　「不要忘記你的故鄉奧登塞！」

　　……

　　人們熱情的高聲喊道。

　　「謝謝大家！請代我謝謝全市的鄉親們！」安徒生邊說邊不停擦眼淚。

　　開車的汽笛聲響了，火車緩緩離開了車站。安徒生把身子探出車窗，向歡送的人群揮手告別，再次大聲說：「謝謝，謝謝鄉親們！」

　　安徒生離別了故鄉奧登塞，離開了奧登塞的鄉親們，但他的那顆心卻時刻都與他們在一起。

醜小鴨也會變天鵝
譜寫瑰麗幻想的安徒生

第十七章 永垂不朽

我的一生就是一篇美麗的童話，豐富而充滿幸福。

——安徒生

醜小鴨也會變天鵝
譜寫瑰麗幻想的安徒生

(一)

逐漸步入晚年的安徒生，由於身體和精力等方面的原因，難以再創作長篇巨製了，因此安徒生將自己的主要精力集中用在創作童話故事這種短小的作品當中。

一八六八年，安徒生發表了《小小的綠東西》、《樹精》、《誰是最幸福的》等六篇童話故事。其中，《樹精》是一篇別具一格的作品，介紹了有關巴黎博覽會的情況。

在寫這篇童話時，安徒生已經六十三歲了，但他對新事物、新科技充滿了好奇，因而也像年輕人一樣，懷著激動的心情兩次去巴黎博覽會參觀，最終寫出了這篇構思巧妙、風格獨特的科技童話，描繪了巴黎博覽會上的盛況。在故事的字裡行間，安徒生都在告訴人們，這是一個科技不斷進步的時代。

這年八月，安徒生還寫了《童話的來源與系統》一文，對自己的童話創作進行了理論性的探討與總結。在這篇文章中，人們明白了這樣一個事實：安徒生所創作的所有童話都來源於他的生活，生活是他童話創作的唯一源泉。安徒生的偉大，以及他的童話的成功，奧祕很多，但最關鍵的因素就是他的生活。這也是安徒生獻給我們的又一份珍貴的文化財產。

一八六九年，安徒生又發表了《創造》、《陽光的故事》、《彗星》等六篇童話和一部喜劇作品《西班牙人在此的時候》。

有人對安徒生說，他這時所寫的童話已經不如以前那樣有趣、有意義了。安徒生聽了，有些難過，但他自己也不得不承認這個事實。

隨著年紀的增大，他的健康狀況一天不如一天，再加上日漸孤僻

第十七章 永垂不朽

的「老人性格」，讓他從肉體到精神都受到了傷害，那些可貴的想像力也逐漸從他思想鏈條中脫落了。因此，安徒生晚年創作的不少作品都缺乏概括性，再也難以像以前的故事那樣引人入勝，甚至有些就是早期故事的翻版，離幻想的童話已經是越來越遠了。

但是，安徒生並未放棄。只要還活著，童話就會來叩他的門。而且他的童話也沒有被讀者拋棄，很多讀者仍然鍾愛他的童話。

一八六九年，儘管健康狀況大不如前，但安徒生還是去法國旅行了一次，並在法國的港口城市尼斯市過耶誕節。

當聖誕樹上的燈全部被點亮時，一位與安徒生一起過耶誕節的紳士說：

「我們從世界各地相會在這裡。在我們中間，有這樣一個人，他讓我們度過了許多幸福的時光。現在，讓我們以我們自己的名義以及孩子們的名義向他表示感謝吧！」

這時，在大家愉快的掌聲和歡呼聲中，一個可愛的小女孩將一個巨大的月桂花環套在安徒生的脖子上。

一八七〇年三月，安徒生從法國回到丹麥。回國後，他就寫了最後一部長篇童話《幸運的貝爾》。

這部作品共十八章，近十萬字，事實上也是安徒生的一部童話式的自傳。

在這篇作品中，主角貝爾是個出身窮苦的孩子，出生時嘴裡銜著一個銀匙子。他有著傑出的音樂舞蹈才華，長大後擔任主角，演出了他自己創作的歌劇《阿拉丁》，並大獲成功。然而就在接受觀眾熱烈的鼓掌和歡呼時，他的心臟病突然發作，死在舞台上之了。

醜小鴨也會變天鵝
譜寫瑰麗幻想的安徒生

　　安徒生在這篇作品中想要表達的思想是：生命雖然短暫，但比那些在庸庸碌碌之中虛度年華的生命更有意義、有價值。

　　在創作這篇童話時，安徒生已經六十六歲了。同一年，他還創作了《幸運可能就在一根棒上》和《曾祖父》兩篇童話。

第十七章 永垂不朽

(二)

一八七一年至一八七七年,安徒生又到挪威、義大利、瑞典等國家旅行,這也是他人生中的最後一次旅行。

像以往一樣,每次旅行回來,安徒生都要出版一部新的童話,這次也不例外。只是,這次出版的,也是安徒生的最後一部童話,其中包括《舞吧,舞吧,我的玩偶》、《園丁和主人》、《燭火》等童話。

一直以來,安徒生都沒有自己的房子。這位不知疲倦的童話作家,多年以來不是住在旅館中,就是住在朋友家裡。一八六五年,安徒生寫信給一位名叫馬丁的朋友說:

「像你那樣,有自己的房子,那是一件多幸福、多美好的事呀!」

然而,他自己卻「像一隻孤獨的候鳥一般,總是在別人的屋簷下尋找安身的地方。」

到了晚年,安徒生突然心血來潮,想為自己建造一幢房子了。於是,他仔細作了一番設計:房子要大一些,要有玻璃的屋頂,還要建造一間工作室,工作室中要擺上丹麥著名作家的半身塑像。另外,房子內還要有一個像樣的寫作台。室內應鋪上優質的東方地毯,再布置一些漂亮的裝飾品……安徒生非常希望自己的房子獨特一點,不與別人的房子有雷同的地方。

然後,安徒生算了算自己銀行裡的存款,發現建造這樣一幢房子足夠了。這些年來,他的稿費收入已經相當可觀了。不過,這個為自己建造房子的構想只存在他的腦海當中,他並沒有將它變成現實。因為他的身體已經越來越不好了,除了牙痛的老毛病外,還經常咳嗽,兩腿浮腫。有時多走一會兒路,就會感到力不從心。

醜小鴨也會變天鵝
譜寫瑰麗幻想的安徒生

安徒生患病的消息在哥本哈根不脛而走，也牽動著成千上萬人的心。一八七五年，在安徒生七十歲的這一年，一個委員會打算發起為他籌備七十歲壽辰而募捐的活動。但安徒生在接到這封徵求他的意見的信時，謝絕了這份好意。他在回信中說：

我的親愛的朋友們，非常感謝你們對我的關心。但請你們不要以為我是個貧窮的、無人照顧的老年人，在為自己每天的麵包而擔心，連自己病弱的身體都照顧不了了。沒有那麼嚴重，上帝對我很好，我的周圍都是愛我的朋友，所以，我不能接受個人捐助的任何錢物。

這一天，安徒生同時還接到了另一份通知，說為他建造紀念碑的募捐事宜已經結束，並送來一份由雕塑家擬定的草圖。

草圖上標明，在安徒生的雕像四周簇擁著一大群孩子。但是，安徒生否定了這個草圖。他激動的說：

「我的童話與其說是為孩子寫的，不如說是為成年人寫的！……每當我朗讀我的童話時，孩子們都趴在我的肩膀上，我簡直無法忍受。為什麼要把本來沒有的東西畫出來呢？」

最後，雕塑家還是按照他的意願重新設計了一張草圖：安徒生坐著，右手拿著一本書，頭微微昂起，凝望著左前方的天空，若有所思。

四月二日是安徒生的七十歲壽辰。在前一天，國王專門派來華麗的馬車，把安徒生接到王宮，並熱情招待他，還再次授予他一枚勳章。

生日這天，國王為安徒生舉行了盛大的宴會。宴會結束後，他又被請到皇家劇院，觀看了他的兩齣劇的專場演出。

這一天，安徒生收到了很多禮品。看著堆得像小山一般的壽禮，安徒生禁不住熱淚盈眶。這天晚上，他用顫抖的手寫道：

第十七章 永垂不朽

「一八七五年四月二日，今天是多麼美好的日子！可惜我的身體已經接受不了上帝的恩賜。儘管我躺在床上，可是，我被各種念頭和感謝的心思困擾得無法入睡。」

在生日慶典結束後，安徒生的病情突然惡化。由於身體衰弱，加上天氣悶熱，安徒生不得不離開哥本哈根，到他的一位朋友的別墅中去休養。

醜小鴨也會變天鵝
譜寫瑰麗幻想的安徒生

（三）

生日慶典之後，安徒生就很少露面了，除了身體上的原因外，可能還有一些其他的原因，但這是屬於安徒生一個人的祕密，因為他沒有結婚，一生都沒有結婚，沒有妻子和孩子。不過，幾乎所有讀過他的童話的人，都會把他當做自己的親人。

離開哥本哈根後，安徒生的病情似乎又有了一點好轉，然而這一切都只是暫時的。很快，安徒生就臥床不起了。六月十九日以前，他還能每天堅持寫寫日記，儘管身體已經很衰弱了。在這以後，他連親手寫日記的力氣都沒有了。到了七月末，他甚至連口授的力氣都沒有了。安徒生明白，自己的人生即將走到盡頭了。

八月三日的傍晚，安徒生發起高燒來。他輾轉呻吟，折騰了好久，眼前也開始出現幻景，一些斷斷續續的畫面在他面前不斷掠過……

到後來，他的臉上有了笑意，表情也越來越安詳，似乎心情輕鬆了許多，隨後便慢慢睡著了。

一八七五年八月四日這天，是一個晴朗的好天氣。太陽升起來後，陽光便穿過窗戶、門縫，鑽到屋裡來，照在熟睡的安徒生的臉上和身上，大半個上午都這樣陪伴著安徒生。

在將近中午的時候，陽光轉頭了，屋內的光線逐漸暗了下來。十一點，細心的女主人過來看望安徒生，發現安徒生的呼吸已經非常微弱了。她馬上叫來醫生。

醫生認真為安徒生檢查一番後，示意周圍人安靜下來。然後，大家都靜靜肅立在安徒生的床前，默默送別這位偉大的文學家……

安徒生的呼吸完全停止了。這時，時鐘的指標指向十一點五分。

第十七章 永垂不朽

安徒生病逝的消息傳來後，舉國悲哀，世界都為之慟哭。在送葬的那天，丹麥全體國民致哀，國王、王后、太子以及王公大臣們，都親自到安徒生的靈前弔唁。

在入殮前，人們在為安徒生換衣服時，發現他的胸前珍藏著一個小口袋，裡面裝著一封信。雖然年深日久，信紙已經發黃，信上的字跡也已經變得有些模糊不清，但人們仍然能看懂，這是安徒生青年時期的戀人莉波爾在與她的未婚夫結婚前寫給安徒生的信。

幾十年了，安徒生一直都將這封信珍藏在胸前，然後帶著這份初戀的甜蜜與痛苦，孤單漂泊一生。

安徒生在臨終前，曾對一位年輕的作家說：

「我為自己的童話付出了巨大的代價，甚至可以說是無可估量的代價。——為了童話，我拒絕了自己的幸福，並且錯過了這樣的一段時間，那時，不管想像力是如何有力，如何光輝，它還是應該讓位於現實的。」

安徒生也許為自己沒能抓住現實和幸福而遺憾，但是，他卻抓住了幻想的翅膀，為全世界的孩子與大人們帶來了快樂。他和他所創作的童話也已經成為人類文學寶庫中最為珍貴的遺產，受到全世界人民的喜愛與尊重。

安徒生與安徒生童話是永垂不朽的！

醜小鴨也會變天鵝
譜寫瑰麗幻想的安徒生

安徒生生平大事年表

- 一八〇五年 漢斯・克利斯蒂安・安徒生出生於丹麥奧登塞城一個鞋匠家庭。
- 一八一一年 七歲，天空出現彗星，後來安徒生以這件事寫了童話《彗星》。
- 一八一四年 十歲，父親漢斯・安徒生去世。
- 一八一六年 十二歲，在一所慈善學校讀書，母親改嫁。
- 一八一九年 十五歲，前往哥本哈根尋找自己的理想，開始了個人奮鬥的生涯。
- 一八二二年 十八歲，創作悲劇《維森堡大盜》和《阿芙索爾》，申請到皇家公費，進入教會學校讀書。
- 一八二六年 二十二歲，隨教會學校校長梅斯林一起遷往赫爾辛格。
- 一八二七年 二十三歲，回到哥本哈根，發表詩作《傍晚》和《垂死的孩子》。
- 一八二八年 二十四歲，通過考試，被哥本哈根大學錄取。
- 一八二九年 二十五歲，發表浪漫主義作品《徒步旅行記》。
- 一八三〇年 二十六歲，出版詩集，其中附有一篇童話《幽靈》，後來改寫為《旅伴》。
- 一八三一年 二十七歲，到德國旅行，並出版了旅行隨筆式詩集《幻想

醜小鴨也會變天鵝
譜寫瑰麗幻想的安徒生

與速寫》和《旅行剪影》。

- 一八三二年　二十八歲，發表童話《跳蚤和教授》、《老約翰尼的故事》、《開門的鑰匙》、《跛子》等。

- 一八三三年　二十九歲，到法國旅行，並與海涅相識。母親因病去世。

- 一八三五年　三十一歲，出版第一部長篇小說《即興詩人》，並出版了兩部童話集。

- 一八三六年　三十二歲，出版長篇小說《OT》。

- 一八三七年　三十三歲，出版第三部長篇小說《只不過是個小提琴手》，出版第三部童話集，並將所出的三部童話匯集成總集。

- 一八三八年　三十四歲，到瑞典旅行。出版新一集童話的第一部。

- 一八三九年　三十五歲，出版新一集童話的第二部。

- 一八四〇年　三十六歲，劇本《黑白混血兒》首演獲得巨大成功。發表童話《沒有畫的畫冊》和《惡毒樹》。

- 一八四一年　三十七歲，出版童話集《一位詩人的市場》，包括《養豬王子》、《蕎麥》、《玫瑰花精》等三篇童話。

- 一八四二年　三十八歲，出版新一集童話的第三部。

- 一八四三年　三十九歲，與珍妮・林德相識。結識大作家大仲馬、雨果、巴爾扎克等人。

- 一八四五年　四十一歲，出版《新童話集》。

- 一八四六年　四十二歲，出版自傳《我的一生的童話》，以後曾加以修訂再版。出版《新童話集》的第二集、第三集。

- 一八四七年　四十三歲，到英國旅行，與狄更斯相識。出版童話第二總集的第一部。

- 一八四八年　四十四歲，出版第二總集童話第二部。在英國與丹麥同時出版長篇小說《兩位男爵夫人》。

- 一八四九年　四十五歲，創作童話《亞麻》，發表童話劇《比珍珠和黃

金更珍貴》。

- 一八五〇年　四十六歲，創作童話劇《夢神》。
- 一八五一年　四十七歲，出版《在瑞典》。
- 一八五二年　四十八歲，開始以《故事集》新書名發表童話和故事。
- 一八五三年　四十九歲，出版第二部《故事集》，並補充增訂自傳《我的一生的童話》。
- 一八五五年　五十一歲，出版有彼得森插圖的故事集。
- 一八五六年　五十二歲，出版增訂的由彼得森插圖的故事集，並增加了《光榮的荊棘路》、《猶太女子》等童話。
- 一八五七年　五十三歲，出版長篇小說《活下去還是不活》。耶誕節出版《新故事》第一集。
- 一八五八年　五十四歲，出版《新故事》第二集。
- 一八五九年　五十五歲，出版《新故事》第三集。
- 一八六一年　五十七歲，出版《新故事》第五集。
- 一八六二年　五十八歲，發表童話《古教堂的鐘》。
- 一八六四年　六十歲，丹麥與德國發生戰爭，丹麥戰敗，有一年多未出版童話集。
- 一八六五年　六十一歲，出版《新故事》第七集。
- 一八六六年　六十二歲，出版《新故事》第八集。
- 一八六七年　六十三歲，故鄉奧登塞舉行盛大集會，授予安徒生「榮譽市民」稱號。
- 一八六八年　六十四歲，發表童話故事《小小的綠東西》、《小鬼和太太》、《樹精》等，並
- 寫成《童話的來源與系統》一文。
- 一八六九年　六十五歲，發表《爛布片》、《創造》、《彗星》、《陽光的故事》等童話。

醜小鴨也會變天鵝
譜寫瑰麗幻想的安徒生

- 一八七〇年 六十六歲,發表《幸運可能就在一根棒上》、《曾祖父》、《幸運的貝爾》等童話。
- 一八七一到一八七三年 六十七到六十九歲,最後一批童話集出版。
- 一八七五年 七十一歲,四月二日,丹麥國王為其舉行七十歲壽辰慶祝會。
- 八月四日,因病逝世,享年七十一歲。

第十七章 永垂不朽

國家圖書館出版品預行編目（CIP）資料

醜小鴨也會變天鵝：譜寫瑰麗幻想的安徒生 / 潘于真，才永發 著.
-- 第一版 . -- 臺北市：崧燁文化，2020.07
　　面；　　公分
POD 版

ISBN 978-986-516-419-5(平裝)

1. 安徒生 (Andersen, H. C., (Hans Christian), 1805-1875) 2. 傳記

781.08　　　　　　　　　　　　　　109010220

書　　　名：醜小鴨也會變天鵝：譜寫瑰麗幻想的安徒生
作　　　者：潘于真、才永發 著
責 任 編 輯：楊佳琦
發 行 人：黃振庭
出 版 者：崧燁文化事業有限公司
發 行 者：崧燁文化事業有限公司
E - m a i l：sonbookservice@gmail.com
粉 絲 頁：　　　　　　網址：
地　　　址：台北市中正區重慶南路一段六十一號八樓 815 室
8F.-815, No.61, Sec. 1, Chongqing S. Rd., Zhongzheng
Dist., Taipei City 100, Taiwan (R.O.C.)
電　　　話：(02)2370-3310 傳　真：(02) 2388-1990
總 經 銷：紅螞蟻圖書有限公司
地　　　址：台北市內湖區舊宗路二段 121 巷 19 號
電　　　話:02-2795-3656 傳真:02-2795-4100　網址：
印　　　刷：京峯彩色印刷有限公司（京峰數位）

定　　　價：290 元
發 行 日 期：2020 年 07 月第一版
◎ 本書以 POD 印製發行